바로 꺼내 쓰는
일본어 경어

슈후노 토모샤(主婦の友社) 편저
가라사와 아키라(唐沢 明) 감수

머리말

경어를 다룬 책은 시중에 많이 있지만, 이 책은 지금까지 없었던 경어 책입니다. 단순히 공부하고 암기하는 책이 아니라, 보고 즐기면서 기억하는 '눈으로 즐기는 경어 책'입니다.

특히 일본어 중에서도 경어는 어렵고 귀찮다고 생각하시나요? '여기서는 존경어', '이럴 때는 겸양어' 등 정해진 규칙을 아무리 외우려고 해도, 일본어 공부 중에서 좀처럼 늘지 않는 것이 바로 경어입니다. 이 책에서는 존경어, 겸양어, 정중어 등에 관한 번거로운 설명은 최소한 알아두어야 할 정도로만 소개하였습니다. 그보다 '칭찬 받았을 때 대답하는 법', '선배의 부탁을 정중하게 거절하는 법', '여행지에서 여관에 묵는 법' 등 일본에서의 일상생활 속에서 자주 사용하는 경어 표현을 소개하고 있습니다.

또한, 이 책에 나온 표현을 그대로 사용할 수 있도록 내용을 엄선하였습니다. 복잡한 규칙에 따른 경어라기 보다 상대방을 존중하고 배려하는 마음이 전해지는 경어입니다. 인간관계 때문에 힘들 때, 상대방과 좀 더 좋은 관계가 되고 싶을 때 '언어'는 정말로 중요한 역할을 합니다.

그리고 더 중요한 것은 자신의 생각을 오해 없이 전달하는 것입니다. 형식적인 말은 상대방에게도 전달됩니다. '고마워'에 담긴 마음, '앞으로도 잘 부탁합니다'라는 말 속에 담긴 진심. 이러한 감정을 일본어로 보다 잘 전달될 수 있게 하는 비법도 소개했습니다.

외국어 중에서 특히 일본어의 경어는 상당히 까다로운 부분입니다. 이 책의 주인공인 요코도 조금씩 경어를 익혀가면서 성장해 나갑니다. 아름다운 언어 습관은 여러분의 생활을 빛나게 할 거라고 믿습니다.

마지막으로 여러분의 일본어 경어 학습에 이 책이 조금이라도 보탬이 되기를 기원합니다.

슈후노 토모샤 편집부

● 주요 등장인물 소개

● 주인공

이름 : 모모이 요코(桃井容子)
나이 : 26세
소개 : 파견 사원으로 영업사무직 일을 하면서 꽃집, 옷 가게, 백화점 지하 매장, 애완동물 가게, 카페에서 아르바이트를 하고 있다. 매일 너무나 바쁜 생활이지만, 조금씩 올바른 경어를 배워가면서 주변 사람들에게 인정받는 여성이 된다.

나에게 있어 경어는

돈 들이지 않고
미인이 되는 지름길

10대 때는 버릇없는 말투를 많이 써서 주변 사람들의 따가운 눈총도 많이 받았다. 언어 습관을 바꿔서 자신을 변화시키려고 노력하는 중.

Cast

● 파견 직장의 상사
이름 : 시라이 마사오
　　　(白井将夫)
나이 : 44세
소개 : 언제나 화끈하게 부하들을 이끄는 비즈니스맨. 일을 가르치는 전문가적인 면도 있다.

나에게 있어 경어는
사회 생활 속 인간관계를 잘 조절하기 위한 핸들

● 카페 점장
이름 : 아오모리 료코
　　　(青森涼子)
나이 : 28세
소개 : 파리 날리던 카페를 손님의 발길이 끊이질 않는 곳으로 만든 일등공신. 특기는 친절하게 돌려 말하기.

나에게 있어 경어는
인간관계를 맛있게 만드는 디저트

● 꽃집 사장
이름 : 아카이 쿠니히코
　　　(赤井邦彦)
나이 : 56세
소개 : 딸 미와가 꽃집에서 일해 주고 있어 가게에 자주 나오진 않고, 사업 확장을 위해 영업에 힘을 쏟고 있다.

나에게 있어 경어는
자신의 성격을 비추는 거울

● 애완동물 가게 점장
이름 : 구로다 토모코
　　　(黒田知子)
나이 : 31세
소개 : 언제나 미소가 끊이지 않는 온화한 성격. 어른부터 아이까지 미소 짓게 만드는 아름다운 언어 습관의 본보기가 되는 인물.

나에게 있어 경어는
웃음을 주는 영양제

● 꽃집 점장
이름 : 아카이 미와
　　　(赤井美和)
나이 : 34세
소개 : 늘 요코에게 자상하게 대해주는 언니 같은 존재. 추워지면 감기에 잘 걸리는 게 흠.

나에게 있어 경어는
어른들의 세계에 데뷔하는 티켓

● 백화점 지하 매장 점장
이름 : 미도리가와 시게루
　　　(緑川茂)
나이 : 39세
소개 : 고객을 대하는 정중한 태도와 몸에 늘 배어 있는 능숙한 경어 사용은 주변에서도 평판이 자자하다. 이웃집 아저씨 같은 푸근한 인상도 인기 비결.

나에게 있어 경어는
마음을 닦는 것

● 차례

머리말	●02
주요 등장인물 소개	●04

제1장 이것만 알아 두자! 기본 경어

인사는 경어의 첫걸음	●12
인사는 캐치볼	●14
일은 이 한마디에서 시작된다	●16
자신을 어필하기	●18
명함을 건넬 때	●20
명함을 받을 때	●22
감사의 마음 전하기	●24
부드럽게 사과하기	●26
맞장구는 KDTG가 기본	●28
'잘 알겠습니다' 표현하기	●30
지각 전하기	●32
결근 전하기	●34
휴가 신청에 관한 3가지 상식	●36
전화 걸기 ① _ 상대방 회사에 걸기	●38
전화 걸기 ② _ 여러 가지 경우	●40
전화 받기	●42

제2장 이럴 때는 이 한마디! 테마별 경어

자신의 의견 말하기 ① _ 회의	●48
자신의 의견 말하기 ② _ 프레젠테이션	●50
다른 회사 방문하기	●52
회의하기	●54
재촉하기	●56
그 자리에서 대답할 수 없을 때의 대처 방법	●58
사내 회의는 [HIKS의 법칙]으로	●60
웃분 접대하기	●62
"어서 오세요"로 시작되는 판매 경어	●64
접객은 [아(あ), 이(い), 우(う), 에(え), 오(お)]의 법칙으로	●66
부탁하기	●68
고객 불만 처리하기 ①	●70
고객 불만 처리하기 ②	●72
고객에게 묻기	●74
확인하기	●76
상담하기	●78
거절하기	●80
쿠션 언어	●82
감사의 말을 들었을 때	●84
기분 좋은 대답	●86

제3장 적당한 말이 나오지 않을 때는 이렇게! 장면별 경어

미팅 (편한 자리)	● 94
미팅 (격식 있는 자리)	● 96
송별회	● 98
고급 레스토랑에서 대화하기	● 100
결혼식에서 인사하기	● 102
장례식에서 추도의 말 전하기	● 104
선배의 남자친구를 소개받을 때	● 106
고급 여관에 묵기	● 108
문화 센터에서 경어 쓰기	● 110
조금 어려운 남자 어른과 대화하기	● 112
미용실에서 대화하기	● 114
첫 데이트	● 116
남자친구의 집에 인사 가기	● 118

칼럼

존경어, 겸양어, 정중어	● 44
정중어 만들기	● 46
계절 경어	● 88
정중한 말씨로 호감도 상승시키기	● 92

아름답지 않은 일본어 ① _ 젊은이의 언어	● 120
아름답지 않은 일본어 ② _ 줄임말	● 122
정중한 말	● 124

테마별 색인 ● 126

●제1장
이것만 알아 두자!
기본 경어

일본어 중에서
제일 먼저 경어를 익히자!

● 인사는 경어의 첫걸음

おはようございます
안녕하세요.(아침)

경어는 차간 거리와 같다!

안전 운전을 위해서는 앞 뒤를 달리는 차와 차간 거리를 일정하게 유지하는 것이 중요합니다. 인간관계에서는 바로 경어가 그 역할을 해 주죠. 경어를 제대로 알고 잘 사용하면 연배가 있으신 분을 상대로도 주눅 들지 않고 이야기를 나눌 수 있습니다. 또한, 경어는 상대와의 거리나 연령의 차이를 훌륭하게 유지시켜 주기도 한답니다.

이 한마디로 하루가 시작된다고 해도 과언이 아닐 정도로 아침 인사는 매우 중요합니다. 밝은 목소리는 물론, 마지막「す」까지도 확실하게 발음합시다.

こんにちは
안녕하세요.(낮)

こんばんは
안녕하세요.(밤)

경어는 사회인으로 데뷔하는 첫걸음

사회에 나오면 학생 때와는 또 다른 인간관계를 맺게 됩니다. 처음 접하는 세계에서 상대방에게 어떻게 말을 걸면 좋을지 모를 때, 바로 그때 도움이 되는 것이 경어입니다. 제대로 된 언어 습관을 익히게 되면 안심하고 가벼운 마음으로 첫걸음을 내디딜 수 있겠죠?

인사는 먼저 하는 사람이 유리합니다. 상대방이 누군지 알았다면 내 쪽에서 먼저 인사를 하도록 합시다. 상대의 눈을 바라보면서 웃으며 인사하면 자신의 인상도 좋아질 것입니다. 그러나 윗사람에게는 「こんにちは/こんばんは」가 아니라 「お世話(せわ)になっております(신세 많이 지고 있습니다)」라고 인사합시다.

お疲れさまです
수고하셨어요.

경어는 미인이 되는 지름길
피부관리나 다이어트보다 더욱 쉽고 확실하게 예뻐지는 방법, 그것은 바로 경어를 익히는 것입니다. 유행하는 옷을 입고, 완벽한 화장을 하고 있어도 언어가 불량하면 아무 소용 없겠죠. 언어에는 그 사람의 이미지를 좌우하는 큰 힘이 있습니다. 아름다운 경어를 몸에 익혀서 언어 미인이 되도록 합시다.

외출에서 돌아온 사람에게는 수고했다는 인사를 잊지 말고 합시다. 보다 정중하게 말하고 싶을 때는「お疲つかれさまでございます(수고하셨습니다)」라고 말하면 됩니다.「ご苦労くろうさまです(수고했어요)」는 정중한 느낌은 들지만, 윗사람에게는 실례되는 말이랍니다.

お先に 失礼いたします
먼저 실례하겠습니다.

직장 등, 여러 사람이 모여 있는 장소에 있다가 그 자리를 뜰 때에는 반드시 이 한마디를 합시다. 하지만, 남아 있는 사람들이 바빠 보인다면「何なにかお手伝てつだいすることはありませんか(제가 뭐 도와드릴 일은 없나요?)」라고 말하는 센스도 필요하겠죠.

경어는 상대방에 대한 배려
「どうも」라고 인사하는 사람은 없나요? 이런 무뚝뚝한 인사를 받고 기분이 좋아질 사람은 없을 것입니다. 상대를 소중하게 생각하는 마음이 있다면 말 한마디라도 정중하게 나오겠죠. 그래요. 경어는 말하는 사람의 인상을 좋게 만들면서 동시에 듣는 사람의 기분을 좋게 만드는 효과도 있답니다.

● 인사는 캐치볼 대화는 자주 캐치볼에 비유되곤 하는데, 인사는 그 중 가장 중요한 첫 번째 공입니다. 상대방의 눈을 바라보면서 상황에 맞는 말을 던지지 않으면 그 뒤의 대화도 끊기게 되겠죠. 아주 짧은 말이라도 마음을 담아 정중하게 합시다.

아무 말 없이 회사를 나오는 것은 사회 생활의 규칙을 위반하는 일입니다. 비록 짧은 시간의 외출일지라도 인사 한마디 정도는 하고 나가는 것이 사회인의 상식이랍니다. 또한, 회사에 남아 있는 사람도 「気をつけて(조심해서 다녀와요)」라는 의미를 담아 인사하는 게 좋겠죠? 만약 외출하는 사람이 상사라면 「行ってらっしゃいませ(잘 다녀오십시오)」라고 말하면 됩니다.

외출할 때와 마찬가지로 돌아오면 먼저 인사를 합시다. 별것 아닌 것 같아도, 사실은 사무실을 화기애애한 분위기로 만들기 위해서는 꼭 필요한 부분이랍니다. 상사가 돌아오셨다면 「お帰りなさいませ(잘 다녀오셨습니까?)」라고 인사를 건넵시다.

1 타이밍을 계산한다
아무리 정중하게 말해도 엉뚱한 방향으로 말을 하면 의미가 없지요. 아무리 바빠도 몸은 상대방에게 향하고 인사를 합시다.

2 말의 속도를 생각한다
인사는 밝게 하는 것이 기본이지만, 너무 밝게 하려고 한 나머지 속도가 빨라지지 않도록 주의합시다. 짧은 말일수록 더욱 정중하게 해야 합니다. 물론 목소리가 너무 커도 안 되겠지요.

조심해야 할 4가지 인사법

3 상대방의 눈을 보기

인사를 할 때 상대방의 눈을 바라보는 것은 기본입니다. 상대방의 눈을 보면서 건네는 인사는 분명 당신의 마음까지도 함께 전해줄 겁니다.

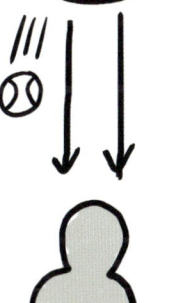

4 무뚝뚝한 인사는 NG
피곤하면 나도 모르게 목소리가 가라앉게 되죠. 그러나 가라앉은 목소리는 상대방의 기분도 가라앉게 만듭니다. 때로는 무리해서라도 밝은 목소리를 낼 필요도 있답니다.

● 업무는 이 한마디에서 시작된다

사회생활을 시작하게 되면 물론 회사 밖의 사람들과 접할 기회도 많아집니다. 그래도 두려워 할 필요는 없어요. 기본 인사말만 외우고 있으면, 어떤 사람을 만나도 문제 없습니다. 우선 처음하는 인사말부터 알아볼까요?

「いつも お世話（せわ）に なっております」
언제나 신세지고 있습니다.

NG
「お世話（せわ）さまでございます」
신세지고 있습니다.

거래처나 고객에게는 「いつもお世話になっております」라고 인사합니다. 「お世話さまでございます」는 얼핏 보면 정중한 말 같지만, 「お世話さま」는 자신과 동등한 위치에 있는 사람 혹은 아랫사람에게 사용하는 말이므로 여기서는 쓰면 안됩니다.

한 달에 한 번 오는 업체 사람이 올 때

「毎度（まいど）〜」
매번 (감사해요).

NG
「こんにちは」
안녕하세요.

「ごぶさたしております」라는 인사말은 상대방을 기억하고 있다는 뜻이므로, 이 말을 듣는 사람은 친근감을 느끼게 되겠죠. 그러면 내 인상도 좋아지는 건 당연지사. 「こんにちは」는 같은 직장 동료나 친구들에게 쓰는 말이므로, 여기서는 NG입니다.

「ごぶさたしております」
오랜만입니다.

예전 단골 고객이었던 꼿꼿이 선생님이 찾아오셨을 때

「ごきげんよう」
안녕하세요.

점장님과 함께 꽃을 장식하러 갔을 때

「今日は頼むね」
오늘 부탁해요.

本日は よろしく お願い申し上げます
오늘 잘 부탁합니다.

NG
「かんばってやります」
열심히 하겠습니다.

의욕을 나타내고 싶어도 「やります」라고 말하면 조금 거친 인상을 주게 됩니다. 상대는 클라이언트이므로 「お願ねがい申もうし上あげます」라고 올바른 존경어로 인사합시다.

거래처에서 대금을 지불하러 왔을 때

「この間はどうも」
지난번에는 감사했어요.

先日は ありがとうございました
지난번에는 감사했습니다.

NG
「お世話になりました」
신세 많이 졌습니다.

특별한 거래가 있었던 상대방에게 인사할 때는 정중하게 감사의 마음을 전하는 것이 무엇보다 중요합니다. 「お世話になりました」라는 인사만 한다면 살짝 실례가 되니까, 주의하세요!

「明日はお花屋さんの日。どんな仕事があったっけ……」
내일은 꽃집에 가는 날. 어떤 일이 생길까…….

● 자신을 어필하기

「明日、食品売り場の親睦会なんだけど、来てくれる？」 내일 식품매장의 친목회가 있는데, 와 줄 수 있어?

자기 소개를 잘 못하는 사람은 의외로 많습니다. 물론 처음 만나는 사람 앞에서 자신을 어필한다는 것이 쉬운 일은 아니죠. 그렇지만 자기 소개는 상대방에게 자신을 알리기 위한 중요한 수단입니다. 그럼, 기본 패턴을 배워 볼까요?

자신의 특기를 말하면서 「いつでも呼んでください (언제든지 불러 주세요)」라고 하면 상대방에게 친근감을 줄 수 있답니다.

자신의 이름이 발음하기 어렵다면 내 쪽에서 먼저 설명합시다. 나중에 상대방의 발음을 정정해 주면 자칫 분위기가 어색해질 수도 있답니다.

고향을 말할 때는 그에 대한 농담을 하면서 소개하는 것도 효과적인 방법입니다. 사람들 중에 같은 고향 사람이 있다면 더욱 분위기가 무르익겠죠.

이름을 말하고, 일의 내용을 간단하게 설명하기만 해도 OK. 단, 말하는 속도가 빨라지거나 무슨 말을 하고 있는 건지 모를 정도로 작은 소리로 말한다면 NG입니다.

野菜売り場で働いています桃井です。特技はパソコンです。もしコンピューターのトラブルがあれば、いつでも呼んでください

야채 코너에서 일하고 있는 모모이입니다. 특기는 컴퓨터예요. 혹시 컴퓨터에 문제가 생기면, 언제든지 불러 주세요.

レジを担当してます上村と申します。"うえむら"と呼ばれることが多いのですが、"かみむら"と読みます

계산대를 담당하고 있는 가미무라라고 합니다. '우에무라'라고 읽으시는 분이 많은데, 제 이름은 '카미무라'라고 읽어요.

ワインコーナーの柳島です。出身は青森で、青森弁も話すバイリンガルです

와인 코너의 야나기시마입니다. 고향은 아오모리구요. 아오모리 사투리까지 2개 국어에 능통합니다.

はじめまして、犬井と申します。お惣菜売り場を担当しています

안녕하세요. 이누이라고 합니다. 반찬 코너를 담당하고 있어요.

18

천천히 말한다
자신은 평상시처럼 말하고 있는 것 같아도 다른 사람 앞에서 말을 할 때는 긴장하기 마련입니다. 어느 정도 의식해서 조금 천천히 말하는 것이 상대방이 듣기에 가장 적당한 속도입니다. 「あ」의 모음 발음을 확실히 말하면 상대방이 더 알아듣기 쉽답니다.

두리번거리지 않는다
말과 마찬가지로 태도나 행동도 중요한 포인트가 됩니다. 두리번거리며 팔짱을 끼거나 머리를 만지는 등의 행동을 반복하면 산만한 사람으로 인식될 수 있습니다. 시선은 항상 발언자, 즉 현재 말을 하고 있는 사람을 향하도록 합시다.

재미있는 한마디를 덧붙인다
상대방에게 보다 깊은 인상을 남기고 싶다면 살짝 재미있는 한마디를 덧붙여 봅시다. 그러나 너무 오버하는 건 금물! TPO에 맞춰야 한다는 것을 늘 염두에 둡시다.

인상을 ↑업↑(up) 시키기 위한 Tip

첫인상은 그 사람의 이미지를 결정짓는 중요한 포인트입니다. 처음 만나는 사람 앞에서는 행동이나 말에 주의해야겠죠. 조금만 신경 써도 상대방에게 좋은 인상을 줄 수 있답니다.

「女優の○○と同じ名前です。でも見た目はまるで別人なんですけど……」
여배우 ○○와 이름이 같아요. 물론 외모는 완전 다르지만요……

「この間、おつりを渡し忘れて、慌ててお客さんを追いかけちゃいました」
얼마 전에 거스름돈 드리는 걸 깜박했다가 너무 놀라서 손님을 쫓아간 적이 있어요.

「特技は、田村主任のモノマネです」
특기는 다무라 주임님의 성대모사입니다.

「脳年齢を計るゲームをしたら、なんと70代。ビックリしました」
뇌 연령 게임을 했더니, 세상에 70대로 나와서 깜짝 놀랐어요.

미소를 잊지 말 것
아무리 정중하게 말을 한다 해도 표정이 어둡다면 아무 소용이 없겠죠. 입가를 살짝 올려서 늘 웃는 얼굴로 사람들을 대합시다. 입 끝이 내려가 있으면 나이 들어 보이므로 주의!

※TPO : Time(시간), Place(장소), Occasion(상황·경우)

●명함을 건넬 때

CASE 1
(기본 패턴)
명함은 방문한 사람 쪽에서 먼저 건네는 것이 예의입니다. 건넬 때는 상대방의 눈을 보면서 회사명과 자신의 이름을 정확하게 또박또박 말합시다.

「はじめまして」
처음 뵙겠습니다.

「XX商事の桃井と申します」
XX 상사의 모모이라고 합니다.

기본적으로 명함은 만난 직후에 교환하지만, 이동 중일 때는 그 장소에 도착할 때까지 기다려도 OK입니다.

명함을 건넬 때는 상대가 읽을 수 있는 방향으로 돌려서 반드시 두 손으로 건넵니다. 상대방과 동시에 주고 받게 되었을 때는 오른손으로 건네되, 받은 뒤에는 반드시 두 손으로 명함을 잡고 상대방의 이름을 확인합니다.

NG
「私、こういう者です」
저, 이런 사람입니다.

「今後ともどうぞよろしくお願いいたします」
앞으로도 잘 부탁합니다.

이름을 말하지 않고 명함만 내밀면 상대방에게 실례가 되므로 주의!

CASE 2
(명함이 없다!)
명함은 충분하게 가지고 다녀야 하는 것이 기본이지만, 운 나쁘게 마침 명함이 없을 경우, 상대방에게는 「あいにく切らせておりまして (죄송하지만, 명함이 다 떨어져서요)」라고 사과하고 다음에 만날 때는 반드시 명함을 준비해서 건네도록 합니다.

「あ、名刺がない」
앗, 명함이 없네.

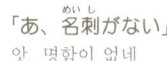

「申しわけございません。ただ今名刺を切らせておりまして」
죄송합니다. 명함이 다 떨어졌네요.

'잊어버렸다'는 것도 비즈니스계의 예의에 어긋나므로, 혹시 잊어버렸다고 해도 이런 말은 하지 않도록 합시다.

NG
「すみませんが、名刺を忘れてしまいました」
죄송합니다만, 명함을 잊어버리고 안 갖고 왔습니다.

이 한마디가 상대방에게는 신뢰를 떨어뜨릴 수 있습니다. 반드시 「切らせてしまいました」라고 말합시다.

회사로 돌아오면 사과 편지와 함께 명함을 우편으로 부치거나, 메일로 연락처를 남기는 등의 배려도 잊지 마세요.

CASE
（ 인사가 늦었다 ）

업무가 많아서 만나자마자 바로 회의가 시작되는 경우도 있습니다. 그럴 때는 무리해서 명함 교환을 하지 말고, 일단 타이밍을 살피도록 합시다.

CASE
（ 명함을 교환하지 않은 상대와 만나다 ）

지난번에 만났을 때 명함을 교환하지 못했던 상대와 다시 한 번 만날 기회가 생겼다면 잊지 말고 지난번의 실례를 사과하도록 합시다.

「XX商事の桃井さんですね」
XX상사의 모모이 씨 되시죠?

「はい、そうです」
네, 그렇습니다.

「あ、名刺を渡さなきゃ」
아, 명함을 드려야지.

先日は名刺を切らせておりまして、大変失礼いたしました
지난번에는 명함이 다 떨어져서, 실례가 많았습니다.

「実は〇〇の件なんですが」
사실은 〇〇건 말인데요.

「あ、は、はい……」
아, 예, 예…….

기본 패턴과 마찬가지로 상대와 만난 직후에 명함을 건네는 것이 가장 좋습니다.

NG

「すみません、名刺を渡してもよろしいですか？」
죄송합니다만, 명함을 줘도 될까요?

「よろしいですか？（괜찮습니까?）」는 경어지만, 「すみません」과 「名刺を渡しても」는 정중한 표현이 아닙니다. 「渡す（건네다）」의 존경어는 「お渡しする」입니다. 올바른 경어 표현이 아니라면 지난번의 실수를 만회하려고 해도 아무 소용없어질 수 있으니, 주의하세요!

申し遅れました。わたくし、XX商事の桃井と申します
인사가 늦었습니다. 전 XX상사의 모모이라고 합니다.

NG

「あのぉ、名刺をお渡ししたいのですが……」
저기, 명함을 드리고 싶은데요…….

명함 교환은 비즈니스 회화의 첫걸음입니다. 주저하지 말고, 당당하게 말합시다.

● 명함을 받을 때

CASE
（기본 패턴）
명함을 함부로 다루는 것은 상대에게 매우 실례되는 행동입니다. 건넬 때는 물론, 받을 때도 정중하게 다루도록 합시다.

CASE
（전화나 메일로
이미 일이 진행되고 있다）
급한 일은 자주 전화나 메일로 약속을 잡게 될 때도 있습니다. 이미 여러 번 연락을 했더라도 직접 만났을 때는 꼭 명함을 교환합시다.

「お世話になります。
営業の足立と申します」
신세지게 되었습니다. 영업부 아다치라고 합니다.

명함은 방문한 측이나 위치가 더 낮은 사람이 건네는 것이 매너랍니다.

「お電話(メール)では、
大変失礼いたしました」
전화(메일)로는 대단히 실례했습니다.

「どうぞよろしく
お願いいたします」
잘 부탁합니다.

우선, 한 번도 직접 만나서 인사를 못했다는 점을 사과합니다. 만약 내가 아닌 상대방의 사정 때문이라고 해도, 이런 한마디 말은 꼭 필요하답니다.

「頂戴いたします」
잘 받겠습니다(감사합니다).

명함을 교환할 때 하는 인사는 간단하게 합시다.

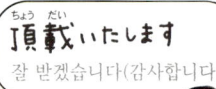

「あらためて
ごあいさつ
させていただ
きます。
××商事の
桃井です」
다시 인사드리겠습니다. ×× 상사의 모모이입니다.

「引き続き
今後とも、
よろしく
お願いします」
앞으로 계속 잘 부탁합니다.

건넬 때와 마찬가지로 양손으로 받고 손가락으로 상대의 회사명이나 이름을 가리지 않도록 주의합니다.

이름을 알고 있더라도 다시 한 번 통성명합시다. 이때는 이미 연락을 주고 받았으니까「〜と申します」가 아닌「〜です」로도 충분합니다.

「足立さまですね。
こちらこそ よろしく
お願いいたします」
아다치 씨로군요.
저야말로 잘 부탁합니다.

NG 「電話(メール)で何度もやりとりしてるから、はじめての感じがしませんね」
전화(메일)로 여러 번 연락해서 그런지 낯설지가 않네요.

NG 「あ、どうも……」아, 안녕하세요……
「どうも」는 편리한 말이지만, 이 말만 하게 된다면 상당히 어설픈 인상을 줄 수 있고, 상대방에게도 실례가 된답니다.

상대가 털털한 성격이라면 이런 식의 인사가 도움이 될 수도 있겠지만, 초면에는 제대로 된 인사를 하는 것이 좋습니다.

CASE 3
(이름을 읽을 수 없다)

상대의 이름을 잘못 부르는 건 예의에 어긋나는 행동입니다. 상대가 불쾌하지 않도록 읽기 어려운 한자가 있으면, 바로 그 자리에서 확인합시다.

「わざわざおいでいただき、恐縮です」
일부러 이렇게 와 주셔서 감사합니다.

상대가 자신의 회사로 찾아왔을 경우, 그 감사의 뜻을 꼭 전합시다.

失礼ですが、何とお読みすればよろしいでしょうか？
실례지만, 뭐라고 읽으면 되겠습니까?

그 자리에서 바로 이름을 확인하는 것은 실례가 아닙니다. 이메일 주소에 대해서도 잘 모르는 부분이 있다면, 이때 같이 확인해 둡시다.

NG 「どうお読みすればいいですか？」
어떻게 읽으면 될까요?

「どう(어떻게)」가 아니라 「何と(뭐라고)」라고 묻는 것이 맞습니다.

NG 「お名前を何とお読みするか、お教えていただけますか？」
이름을 뭐라고 읽는지, 가르쳐 주시지 않겠습니까?

하나의 문장 안에 정중어 「お」가 너무 많은 것은 부자연스럽습니다.

이러면 안 되는데……!
명함 교환
NG 모음집

名刺がなかなか出てこない
명함을 좀처럼 찾을 수 없다.

명함을 찾고 있는 동안 상대가 명함을 든 채로 계속 기다리게 해서는 안 되겠죠. 명함은 금방 꺼낼 수 있는 곳에 미리 준비해 둡시다.

名刺がボロボロ
명함이 너덜너덜

더러워지거나 접힌 명함을 건넸을 때는 상대방을 존중하지 않는다는 오해를 받을 수 있으므로 주의!

片手で受け取る
한 손으로 받는다.

명함은 반드시 두 손으로 받는 것이 기본 매너입니다. 어쩔 수 없는 경우일지라도 받은 뒤에는 반드시 두 손으로 확인해야 된다는 걸 잊지 마세요.

すぐカバンにしまう
바로 가방에 넣는다.

명함은 받은 뒤에 곧바로 넣지 않고 회의하는 동안 명함 지갑 위에 놔두는 것이 매너입니다. 만약 책상 위에 공간이 없을 때는 「名刺をしまわせていただきます(명함을 넣어 두겠습니다)」라고 한마디 말한 뒤에, 명함 지갑에 넣도록 합시다.

● 감사의 마음 전하기

누구든지 고맙다는 인사를 들으면 기뻐하기 마련입니다. 그러나 아무리 감사의 말을 연발해도 그 말에 진심이 담겨 있지 않으면, 오히려 상대를 불쾌하게 만들 수도 있습니다. 「ありがとう」는 진심이 담겨야만 상대방의 마음까지 전해지는 말이라는 것, 꼭 명심하세요.

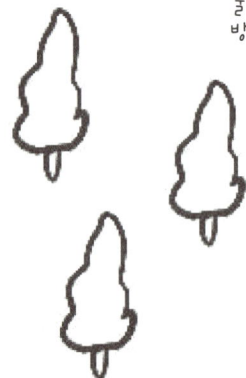

단골 고객이 신규 고객을 소개시켜 주었을 때

고객이 애완동물을 찾으러 왔을 때

「ありがとうございました。お気をつけてお帰りください」
감사합니다. 조심해서 가세요.

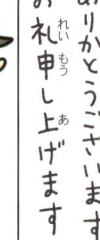

「かんばってね」
열심히 하세요.

「ありがとうございます。お礼申し上げます」
고맙습니다. 감사의 말씀 드립니다.

「お世話になりました」 신세 많이 졌어요.

감사의 말은 그 자리에서 바로 전하는 것이 중요합니다. 사소한 것 하나에도 평상시에 늘 「ありがとう」라고 말하는 습관을 익혀두면 자연스럽게 감사의 마음을 전할 수 있습니다.

감사한 마음을 더 표현하고 싶을 때는 「ありがとう」라는 말에 한마디를 덧붙이는 것도 효과적인 방법입니다. 다른 표현으로는 「感謝の気持ちでいっぱいです(감사한 마음이 가득합니다)」나 「心からお礼申し上げます(진심으로 감사의 말씀 드립니다)」, 「おかげで助かります(덕분에 너무 고맙습니다)」 등이 있습니다.

비즈니스 세계에서 감사의 말은 매우 중요한데요. 우선 내가 받은 상대방의 친절에 대해서 언급한 다음에 감사의 뜻을 전합니다. 「○○さんのおかげで(○○ 씨 덕분에)」라고 이름을 언급함으로써 상대방에게 보다 좋은 인상을 심어줄 수 있답니다. 그럼, 호감도도 급상승하겠죠!

상사가 내 실수를 덮어 주었을 때

お手数をおかけしました。
白井さんのおかげで
助かりました。
ありがとうございます。
번거롭게 해서 죄송합니다.
시라이 씨 덕분에 살았습니다.
감사합니다.

「いやいや、どういたしまして」
아니야, 무슨 소리(천만에).

전날 밤 식사를 대접받았을 때

ゆうべはありがとうございました
어젯밤에는 감사했습니다.

「どういたしまして」 천만에.

그 자리에서 감사의 뜻을 전했다고 해서, 그걸로 끝이 아닙니다. 「先日はありがとうございました(지난번에는 감사했습니다)」나 「この間はお世話になりました(지난번에는 신세 많이 졌습니다)」 등 다음에 마주쳤을 때 다시 한 번 감사의 뜻을 전하는 것이 중요하답니다.

선배가 일을 도와 주었을 때

이런 경우, 자신도 모르게 「すみません」이라고 말하기 쉬운데, 「すみません」은 사과하는 말입니다. 일을 대신 해 주어서 미안한 마음이 있더라도 솔직하게 「ありがとうございます」라고 말해야 감사의 마음이 훨씬 더 잘 전달되겠죠.

嬉しい!
ありがとうございます
너무 기뻐요! 감사합니다.

「お皿洗っておいたよ」
접시 씻어 놨어.

●부드럽게 사과하기

누구나 실수는 하지만, 중요한 것은 그 실수를 어떻게 만회하느냐 하는 것입니다. 그 첫 번째 단계는 바로 상대방에게 정중하게 사과하는 것! 비즈니스 회화에서는 빼놓을 수 없는 사과할 때 쓰이는 경어를 익혀서 상대방에게 경의를 표하는 태도를 보여 주도록 합시다.

「何度も確認したんですが……」
몇 번이나 확인했습니다만…….

변명하는 건 가장 안 좋은 습관입니다. 몇 번이나 확인했어도 실수는 실수죠. 우선은 먼저 사과하는 것이 중요합니다. 실수의 원인을 규명하는 것은 나중에 해도 늦지 않습니다.

「え、本当ですか?」
앗, 정말입니까?

마치 상대방이 하는 말을 못 믿겠다는 인상을 주고 맙니다. 비록 상대가 착각하고 있을 가능성이 있더라도, 우선은 사과부터 해야 합니다. 그리고 나서 자신의 정당성을 부드럽게 주장합시다.

「そんなはずはないんですけど……」 그럴 리가 없는데…….

이렇게 말하면 '나는 잘못한 것이 없다. 상대방의 잘못이다'라고 말하는 것과 마찬가지가 됩니다. 상대를 더욱더 화나게 할 우려도 생길 수 있으니, 주의하세요!

「それは川名さんの担当です」
그건 가와나 씨 담당인데요.

변명과 마찬가지로 책임전가도 최악의 매너입니다. 성인으로서 해서는 안 될 말이죠. 조금이라도 자신이 관계된 일이라면, 먼저 사과하도록 합시다.

기본 문형

「申し訳ありませんでした」 죄송합니다.

「申し訳ございません」 죄송합니다.

「大変失礼いたしました」 너무 실례했습니다.

「心からお詫び申し上げます」 진심으로 사과 드립니다.

사과할 때는 우선 사죄의 말부터 합시다. 처음부터 변명을 해 버리면, 상대방은 사과할 마음이 없다고 인식하게 됩니다.

효과 만점 한마디 덧붙이기

「わたくしの不注意でご迷惑をおかけいたしました」
제 부주의로 폐를 끼쳤습니다.

「大変お手数をおかけいたしました」 번거롭게 해 드려서 죄송합니다.

「わたくしの不徳のいたすところでございます」 제 불찰입니다.

「すべてわたくしの責任です」
모두 다 제 책임입니다.

정확하게 사과의 말을 전했다면, 다음에는 왜 그렇게 된 건지 경위를 설명합니다. 이때는 감정적이 되지 않도록 조심하며, 끝까지 잘못임을 인정하는 자세를 잃지 않도록 주의해야 한답니다.

상대방의 말을 듣고
앞으로의 대책을 전달하기

「今後、このようなことのないよう、厳重に注意いたします」
앞으로 다시는 이런 일이 없도록 엄중히 주의하겠습니다.

「今後、同じことが起こらないよう十分配慮いたします」
앞으로 같은 일이 일어나지 않도록 충분히 주의하겠습니다.

「ご指摘いただき、本当にありがとうございました」 지적해 주셔서 진심으로 감사드립니다.

사과 및 경위 설명이 끝나면 마지막으로는 「今後は気をつけます(앞으로는 주의하겠습니다)」라는 마음과 함께 앞으로의 대책을 설명하여 상대방을 납득시켜야 합니다. 비즈니스 회화에서는 이 마지막 단계가 특히 중요시된다는 것, 명심하세요!

해서는 안 되는 3개 조항
- 변명부터 한다.
- 상대의 눈을 보지 않는다.
- 작은 목소리로 얘기한다.

명심해야 할 3개 조항
- 진심을 담아 사죄한다.
- 책임전가를 하지 않는다.
- 당황하지 않는다.

●맞장구는 KDTG가 기본

맞장구는 즐거운 대화를 위한 중요한 윤활유 역할을 합니다. 어려운 일은 아니랍니다. 「K(감탄, 공감), D(동조), T(전개, 전환), G(의문)」를 마스터하면 대화를 원활하게 진행할 수 있답니다. 이를 위해 몇 가지 패턴을 익혀 봅시다.

感嘆 (かんたん)

「ええ、それはすごいですね」 네, 그건 대단하네요.

「まさか」 설마요.

「そんな」 너무해요.

「とても信じられませんね」 정말 믿기 어렵네요.

「それはご苦労されましたね」 고생하셨겠어요.

「さすがでいらっしゃいますね」 역시 대단하세요.

놀라는 맞장구는 상대방의 기분을 고조시켜 줍니다. 단, 너무 과장된 감탄을 하지 않도록 주의합시다.

展開 (てんかい)

「……とおっしゃいますと?」 ……그건 무슨 뜻이죠?

「それからどうなさいました?」 그래서 어떻게 되었나요?

「ということは?」 그래서요?

「それは○○ということでしょうか」 그건 ○○라는 건가요?

듣고만 있을 것이 아니라 가끔은 이렇게 물어보는 것도 중요하답니다. 상대방도 미처 생각하지 못한 에피소드를 기억해 낼지도 모르잖아요.

이런 맞장구는 NG!!

같은 말을 2번 반복한다	「はいはい(예예)」・「そうそう(그래요 그래요)」・「なるほどなるほど(그렇군요 그렇군요)」 등 같은 말을 두 번 반복하면, 상대방이 이야기를 듣고 있지 않다고 오해할 수 있습니다.
말을 막는다	「あ、それ知っています。こういうことですよね。(아, 그거 알아요. 이런 거죠?)」라면서 강제적으로 이야기를 전환시키는 것은 무례한 행동이죠. 우선은 듣는 자세를 중시합시다.
부정적인 표현을 한다	「そんなこと言われましても……(저한테 그런 말씀하셔도……)」・「でも……(그래도……)」・「そんな……(어떻게 그런……)」 등 말하는 사람의 기분을 가라앉게 만드는 맞장구는 금물입니다.

同調

「ええ、それは存じております」
그건 잘 알고 있지요.

「はい、おっしゃるとおりだと思います」
예, 말씀하신 내용이 맞다고 생각해요.

「そのとおりですね」 그렇고 말고요.

「なるほど」 그렇군요.

상대의 의견이 자신의 생각과 너무나도 다른 경우, 그냥 동조만 하면 오해를 받을 수 있습니다. 상대의 이야기를 일단 받아 들이고, 「でも、こういう考え方はいかがですか？(그래도 이런 식으로 생각하는 건 어때세요?)」라고 자신의 의견을 전하는 것도 때로는 필요하답니다.

  疑問

「たとえば、どういったことですか？」 예를 들면 어떤 거죠?

「どうしてそうなったのですか？」
어째서 그렇게 된 거죠?

「それはなぜ/どうしてですか？」
그건 왜 그런 건가요?

「え、今なんとおっしゃいましたか？」
아, 지금 뭐라고 말씀하셨나요?

모르는 말이 나왔을 때는 주저하지 말고 다시 물어봅니다. 의문점을 그냥 지나쳤다가 이후에 이어질 회화에 오해가 생긴다면 큰일이죠. 상대는 이야기를 흘려듣고 있었다고 생각할 수도 있답니다.

 転換

「そういえば……」
그러고 보니…….

「今のお話を聞いて思い出したのですが」
지금 이야기를 들으니 생각나는데요.

「ところで、〇〇はいかがですか？」
그런데 〇〇는 어떠세요?

이제 슬슬 화제를 바꾸고 싶을 때 효과적인 것이 바로 이야기 전환을 위한 맞장구입니다. 상대의 이야기 속에 나온 말을 언급하면서 화제를 바꿔나가는 것도 좋겠죠.

 共感

「わかります」
이해해요.

「わたくしもそう思います」
저도 그렇게 생각합니다.

그냥 고개만 끄덕이지 말고, 때로는 고개를 크게 젓거나 박수를 치는 등 몸동작을 섞어가면서 맞장구를 치면 상대방에게 마음이 더 잘 전달된답니다.

◉ '잘 알겠습니다' 표현하기 Welcome Words

「はい!」 네!
「わかりました」 알겠습니다.
「かしこまりました」 알겠습니다.
「お引き受けいたします」 그렇게 하겠습니다.
「承ります」 그렇게 하겠습니다.

친한 사이에서 잘 알겠다는 말을 하려면「はい」만으로도 OK할 수 있지만, 비즈니스 회화에서는 그 뒤에 오는 말이 좋다답니다. 왜냐하면 간단한 한마디를 덧붙이면 상대방의 말을 잘 알아들었다는 느낌을 남길 수 있기 때문이죠.

호감도 상승!
의욕을 어필하는
대답의 법칙 5

어미는 확실하게
마지막 소리가 기어 들어가면 기껏 사용한 경어가 효과를 발휘하지 못합니다. 어미까지 확실하게 기운차게 대답합시다.

상대의 눈을 바라보며
비록 경어를 제대로 사용하고 있어도 소극적인 자세를 보이면 상대방에게 실례가 됩니다. 상대방의 눈을 똑바로 쳐다보면 호감도 상승에 큰 도움이 될 것입니다.

목소리 톤은 밝게
어두운 목소리로는 아무리 정확한 대답을 했더라도, 이미지가 안 좋아집니다. 밝은 대답은 그만큼 적극적인 인상을 줍니다.

민첩한 반응을
대답을 하기까지 시간이 오래 걸리면 '정말로 알고 있는 건가?'라고 상대방을 불안하게 만들 수 있답니다. 질문을 받으면 민첩하게 반응합시다.

웃는 얼굴로
기껏 경어를 쓰고 있어도 무표정하게 말하면 좋은 인상을 줄 수 없습니다. 「경어+미소」 공식을 늘 명심합시다.

Bad Words

「はい、一応大丈夫ですが」 예, 일단 괜찮습니다만.
「一応(일단)」나「それなりに(나름대로)」라는 모호한 말은 의욕이 없어 보이므로, 알겠다는 대답을 할 경우에는 적당한 말이 아닙니다.

「はあ？」 에?(↗)
어미를 올려서 이렇게 대답하는 사람도 있습니다만, 이런 말투는 마치 상대방에게 싸움을 거는 것처럼 느껴질 수 있습니다. 비즈니스 회화에서는 물론, 친한 사이에서도 이런 대답은 금물!

「まぁ、そうですね」 뭐, 그렇죠.
참으로 냉담한 대답이네요. 이런 식으로 대답하면 상대방은 '나와 얘기하고 싶지 않은가 보다'라고 생각해 버리고 맙니다.

「もう聞いてます」 이미 들었습니다.
사실이 그렇다고 하더라도 「かしこまりました。先ほど河野さんからもお伺いしております(알겠습니다. 조금 전 가와노 씨한테서도 들었습니다)」라고 먼저 알아들었다는 말을 전합시다.

「は〜い」 네~에
「はい」는 알아 들었음을 나타내는 기본 문형이지만, 사이를 늘려서 길게 발음해 버리면 아무 소용없어집니다. 이런 대답은 어린 아이처럼 들리면서 의욕도 없어 보일 수 있으니, 주의하세요.

「なんとかします」 어떻게든 하겠습니다.
「なんとかがんばってみます(어떻게든 열심히 해 보겠습니다)」나「なんとか努力します(어떻게든 노력하겠습니다)」라고 한마디 더 덧붙여서 의욕이 있다는 것을 어필합시다.

「ええっと、それは……」 저……, 그게…….
입버릇이 되어 버린 사람도 많겠지만, 대답하기 전에 너무 자주 쓰면 상당히 소극적인 이미지를 주고 맙니다. 의식해서 이 말은 삼가도록 합시다.

「とりあえずやってみますど」 일단 해 보긴 하겠지만.
이 말은 상대방이 실패를 전제로 어쩔 수 없이 해 보겠다는 뜻으로 받아들일 수 있습니다. 비즈니스 회화에서 「とりあえず」는 금물입니다.

「どうしてですか？」 왜 그렇죠?
갑작스럽게 질문으로 대답하는 것은 좋은 매너가 아닙니다. 물어보고 싶은 게 있다면 일단 「わかりました。でも、ひとつおたずねしていいですか？(알겠습니다, 그런데 하나 물어봐도 될까요?)」라고 알았다는 말을 하고 나서 질문하도록 합시다.

●지각 전하기

사고 때문에 지각한 경우

「申しわけありません。電車が止まってしまっているので、これからバスに乗り越えます。10分ほど遅れると思いますが、よろしくお願いいたします」

죄송합니다. 전철이 멈춰 버려서 지금 버스로 갈아타고 있습니다. 10분 정도 늦을 것 같은데, 잘 부탁합니다.

「申しわけありません。財布を落としてしまい、交番に届け出をしてから急いでまいりますので、よろしくお願いいたします」

죄송합니다. 지갑을 잃어버려서 경찰서에 신고한 뒤에, 서둘러 가겠습니다. 잘 부탁합니다.

「申しわけありません。本日のプレゼン資料を自宅に忘れてしまい、一旦取りに帰ります。よろしくお願いいたします」

죄송합니다. 오늘 있을 프레젠테이션 자료를 집에 두고 와서 일단 가지러 갔다오겠습니다. 잘 부탁합니다.

「申しわけありません。駅の階段で転んでしまい、医務室で治療を受けてから向かいます。30分ほど遅れてしまいます。ご迷惑をおかけしますがよろしくお願いいたします」

죄송합니다. 역 계단에서 굴러 의무실에서 치료를 받고 가겠습니다. 30분 정도 늦을 것 같습니다. 폐를 끼쳐서 죄송합니다만, 잘 부탁합니다.

지각을 하지 않는 것, 이것은 사회인의 아주 당연한 규칙입니다. 그렇지만 갑작스런 사고나 몸이 안 좋아서 어쩔 수 없이 늦는 경우가 생길 수 있겠죠. 이렇게 당황스러운 때일수록 상황을 정확히 설명하기 위한 경어가 꼭 필요합니다.

POINT!
우선은 결론부터 말한다.

현재의 상황을 길게 설명하기 전에 「○○分遅れます(○○분 늦겠습니다)」라고 우선은 결론부터 먼저 말할 것. 또한, 급한 일이 있는 경우에는 그 대처를 어떻게 할 것인지를 정확하게 말해야 합니다.

POINT!
도착 예정시간은 조금 여유 있게 말한다.

조금이라도 빨리 도착하고 싶은 마음에 도착 예정시간을 급박하게 잡게 되는 경우가 있는데, 그건 오히려 역효과를 불러 일으킵니다. 예정보다 조금이라도 늦게 도착하면 더 늦었다는 인상을 주게 되기 때문입니다. 조금 여유 있게 시간을 잡으면 의외로 빨리 도착했다는 인상을 줄 수도 있다는 것, 기억해 두세요!

아파서 지각하는 경우

「申しわけないのですが、体調がすぐれないため、病院に寄ってから出社させていただけないでしょうか？」
죄송합니다만, 몸 상태가 안 좋은데 병원에 들렀다가 출근해도 될까요?

「風邪をひいたようなので、熱が下がるまで少し様子を見たいと思います。午後から出社させていただいてもよろしいでしょうか？」
감기에 걸린 것 같아서, 열이 내릴 때까지 조금 상태를 지켜보려고 합니다. 오후쯤에 출근해도 괜찮을까요?

POINT!
연락은 업무 시작 시간 10분 전까지 한다.

교통기관의 사고로 인해 늦게 되는 경우는 그 사실을 알게 된 시점에 곧장 회사로 연락을 합니다. 몸이 안 좋을 경우에도 늦어도 업무 시작 시간 10분 전까지는 직속 상관에게 연락을 취합시다. 혹시 회의 등의 일정이 있었다면 그 상대방에게도 신속하게 연락을 합니다.

POINT!
중간 경과를 보고한다.

교통기관의 사고가 있었다거나, 몸 상태가 안 좋아 병원에 가고 있는 경우 등 평소 때와는 다른 상황에 놓여져 있는 당신을 직장 사람들은 분명 걱정하고 있을 겁니다. 지각을 알린 뒤에도 사고 뒤의 상황, 몸 상태 등에 대해 중간에 다시 연락을 취해, 주위 사람들을 안심시키는 것도 중요한 비즈니스 매너랍니다.

「すみません。今、途中の駅なのですが、気分が悪くなってしまい、すこし休んでから行きます。たぶん30分くらい遅れると思いますが、大丈夫でしょうか？」
죄송합니다. 지금 회사 가는 길인데요, 속이 좀 안 좋아서 잠시 쉬었다 가겠습니다. 아마 30분 정도 늦을 것 같은데, 괜찮겠습니까?

● 결근 전하기

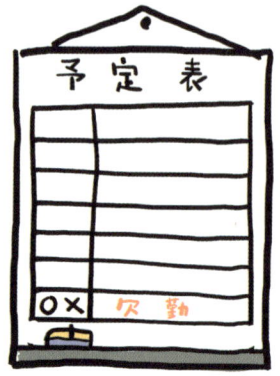

보고의 5단계

 먼저 양해 구하기

「大変申しわけありませんが……」
너무 죄송합니다만…….

상대가 전화를 받으면 출근할 수 없는 상황에 대해 사과의 말을 먼저 전합니다.

 현재 상태를 전하기

「風邪で熱が40度ありまして……」
감기로 열이 40도까지 올라가서…….

아플 때는 단순히 「調子ちょうしが悪わるい」가 아니라 「熱が40度ある(열이 40도이다)」나 「せきがひどくて話はなしができない(기침이 너무 심해서 말을 할 수 없다)」, 「腹痛ふくつうで動うごけない(복통 때문에 움직일 수 없다)」 등의 구체적인 증상을 말합시다.

 휴가 신청하기

「今日はお休みをさせていただきたいと思うのですが」
오늘은 쉬었으면 합니다만.

「今日は休みます(오늘은 쉬겠습니다)」라고 확실히 말하지 말고, 어디까지나 「休ませてほしい(쉬게 해 주세요)」라고 부탁하는 형식으로 말하도록 합니다.

 대처 방법을 알리기

「○○の件については、私の机の上にデータがありますので、問い合わせがあればそれで対応していただけますか?」
○○건에 대해서는 제 책상 위에 데이터가 있으니, 문의가 들어오면 그걸로 대응해 주시겠습니까?

「○○の件で何かありましたら、自宅に電話いただければこちらで対応します」
○○건으로 무슨 일이 생기면, 저희 집으로 전화를 주시면 제가 대응하겠습니다.

자신의 결근으로 인해 회사 일에 지장이 생기지 않도록 일어날 수 있는 사태를 미리 예상하고, 그 대처 방법을 꼼꼼하게 전달해 둡시다.

 앞으로의 예정을 전달하기

「今日一日様子を見まして、夕方にもう一度連絡いたします」
오늘 하루 상태를 지켜 보고, 저녁에 다시 한 번 연락 드리겠습니다.

내일은 어떻게 될지 그날 안에 연락하는 것도 결근 시 중요한 비즈니스 매너랍니다.

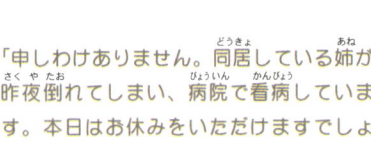

가족이나 친척에게 무슨 일이 생겼을 경우

「申しわけありません。親類に不幸がありましたので、本日はお休みをいただけないでしょうか？」
죄송합니다. 친척에게 안 좋은 일이 생겼는데, 오늘 휴가를 내면 안 될까요?

「申しわけありません。同居している姉が昨夜倒れてしまい、病院で看病しています。本日はお休みをいただけますでしょうか？」
죄송합니다. 같이 살고 있는 언니가 어젯밤에 쓰러져서 지금 병원에서 간병하고 있습니다. 오늘 휴가를 내도 될까요?

「申しわけありません。今朝実家の母が倒れまして、様子を見に行きたいのですが、お休みをいただけないでしょうか？」
죄송합니다. 오늘 아침 시골에 계신 어머니가 쓰러지셔서 뵈러 가고 싶습니다만, 휴가를 내도 되겠습니까?

몸이 안 좋을 경우

「申しわけありません。風邪で吐き気が激しいので本日はお休みをいただきたいのですが、よろしいでしょうか？」
죄송합니다. 감기 때문에 구토 증상이 심해서 오늘은 휴가를 내고 싶은데, 괜찮을까요?

「申しわけありません。頭痛がひどく起きあがることができません。本日は休暇をとらせていただいてよろしいでしょうか？」
죄송합니다. 두통이 너무 심해서 일어날 수가 없습니다. 오늘 휴가를 내도 괜찮겠습니까?

「昨夜から熱が続いており、今朝は38度5分ありました。朝から病院へまいりますので、本日は大事をとってお休みをいただけますでしょうか？」
어젯밤부터 열이 나서 오늘 아침에는 38도 5부까지 올랐습니다. 아침에 병원에 가려고 하는데, 오늘은 만약을 대비해 휴가를 내도 되겠습니까?

출근하면

「ご迷惑をおかけして申しわけございませんでした。おかげさまで体調もすっかり元どおりになりました。どうもありがとうございました」
폐를 끼쳐서 죄송합니다. 덕분에 몸도 많이 좋아졌습니다. 정말 감사했습니다.

「お休みをいただき、ありがとうございました。葬儀のほうは無事済ませてまいりましたので、今日から遅れた分をとり戻します。」
휴가를 주셔서 감사했습니다. 장례식은 무사히 잘 끝났으니까, 오늘부터는 일이 늦은 만큼 열심히 하겠습니다.

출근하면 상사는 물론, 동료에게도 폐를 끼쳐서 미안하다는 인사말과 함께 감사의 뜻을 전합시다.

● 휴가 신청에 관한 3가지 상식

유급휴가를 내는 것은 당연한 권리입니다. 그렇지만 한 명이 쉬면 그만큼 주위 사람들의 부담이 늘어나기 때문에 나름대로의 대처가 필요합니다. 휴가 신청에 관한 3가지 상식을 지켜서 즐거운 휴가를 보내도록 합시다.

2 상식 그 두 번째
일을 맡긴다

「1日から5日までお休みをいただきます。休み中は中村が代わって対応しますので、よろしくお願いいたします」

1일부터 5일까지 휴가입니다. 휴가 중에는 나카무라가 저 대신 업무처리를 할 예정이오니, 잘 부탁합니다.

거래처나 연락이 올 것 같은 상대방에게는 사전에 휴가라는 사실을 알려 둡시다. 물론 일을 대신해 줄 상대에게는 제대로 인수인계를 해야겠죠.

1 상식 그 첫 번째
우선은 물어본다

「申しわけありませんが、1日から5日までの5日間、お休みをいただきたいのですが、よろしいでしょうか？」

죄송합니다만, 1일부터 5일까지 5일간, 휴가를 내고 싶은데 괜찮겠습니까?

예정이 정해지면 빠른 시일 내에 상사에게 양해를 구하고 허가를 얻도록 합시다. 반드시 상사에게 양해를 구하기 전에 스케줄을 짜서 여행 티켓을 미리 구해놓는 일은 없도록 합시다.

3 상식 그 세 번째

감사의 말 전하기

「お忙しい中、お休みをいただきありがとうございました。休み中、何かございましたでしょうか?」

바쁜 와중에 휴가를 낼 수 있게 해 주셔서 감사드립니다. 휴가 중에 무슨 일은 없었습니까?

휴가를 받게 된 것에 대한 감사의 뜻을 전하고, 그 다음 자신이 자리를 비운 사이에 무슨 일은 없었는지 물어봅니다. 혹시 무슨 일이 있었다면, 그 자리에서 대처할 수 있도록 합시다. 휴가를 끝내고 출근했을 때는 여느 때보다도 더 활기차게 일을 해낼 수 있을 정도의 의욕이 필요하답니다.

● 전화 걸기 ① ~상대방 회사에 걸기~

「○○会社でございます(○○회사입니다)」라고
상대방이 전화를 받았을 때

우선은 힘찬 목소리로

OK

「お世話になっております。わたくし、☆☆ショップの桃井と申します」
신세 많이 지고 있습니다. 저는 ☆☆숍의 모모이라고 합니다.

NG

「もしもし、☆☆ショップの桃井ですけど」
여보세요, ☆☆숍의 모모이라고 하는데요.

비즈니스 전화에서는「もしもし」보다「お世話になっております」가 기본입니다. 그 뒤 회사명과 자신의 이름을 말하는 것이 올바른 전화 매너랍니다.

상대방을 바꿔달라고 부탁한다

OK

「石井さまをお願いできますでしょうか？」
이시이님을 부탁해도 될까요?

NG

「石井さんはいますか？」이시이 씨 있습니까?

「いますか」는 올바르지 않은 표현! 올바른 표현은「いらっしゃいますか(계십니까?)」또는「いらっしゃいますでしょうか？(계십니까?)」이다.

본인이 전화를 받으면

OK

「桃井でございます。本日は配達の件でお電話いたしました。今、お時間をいただいてもよろしいでしょうか？」
모모이입니다. 오늘은 배달 건으로 전화했습니다. 지금 시간 괜찮으신지요?

NG

「お話があるので、今ちょっといいですか？」
할 이야기가 있는데, 지금 시간 되나요?

이야기를 하기 전에 상대방이 지금 전화를 받아도 괜찮은지 묻습니다. 그때「話がある(할 이야기가 있다)」라는 말투나「いいですか？(괜찮나요?)」라는 말투는 조금 거친 인상을 주기 때문에 비즈니스 회화로는 적당하지 않답니다.

전화를 끊을 때는

OK

「お忙しい中、ありがとうございました。失礼いたします」
바쁘실 텐데 감사드립니다. 실례하겠습니다.

NG

「じゃあ、よろしくお願いします」
그럼, 잘 부탁합니다.

마지막으로 상대에게 감사의 말을 전하면서 전화를 끊습니다. 그냥「よろしくお願いします」라고만 하면 조금 무뚝뚝한 인상을 주게 됩니다. 전화를 먼저 건 쪽이 나중에 끊는 것이 매너이므로, 마지막에는 상대방의 전화 끊는 소리를 확인하고 나서 수화기를 내려놓도록 합시다.

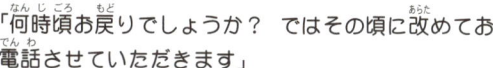

상대가 자리에 없을 때

CASE 1 — 나중에 전화를 다시 걸 경우

OK

「何時頃お戻りでしょうか？ ではその頃に改めてお電話させていただきます」

몇 시 정도에 돌아오십니까? 그러면 그때쯤에 다시 전화하겠습니다.

NG

「何時頃お戻りになられますでしょうか？」

몇 시쯤에 돌아오시나요?

「お戻りになられる」는 이중 경어입니다. 부자연스러운 표현이므로 주의합시다. 나중에 다시 걸 경우는 예정 시간보다 조금 늦게 걸어야 상대와 통화할 수 있는 확률이 높아집니다.

CASE 2 — 전화를 부탁할 경우

OK

「恐れ入りますが、戻られましたら、折り返しお電話をいただけますでしょうか？」

죄송합니다만, 돌아오시면 전화 좀 부탁해도 될까요?

NG

「戻られましたら、お電話をいただきたいのですが」

돌아오시면 전화를 부탁하고 싶은데요.

상대가 자리에 없을 때는 이쪽에서 전화를 다시 거는 것이 기본이지만, 사정이 급해서 전화를 해달라고 부탁할 때에는 「恐れ入りますが」라는 한마디를 덧붙이도록 합시다.

CASE 3 — 전달할 말을 부탁할 경우

OK

「それでは、桃井から電話があった旨だけお伝えいただけますでしょうか？」

그럼, 모모이에게 전화가 왔다고 전해 주시겠습니까?

「恐れ入りますが、お伝えいただけますか？」

죄송합니다만, 말을 좀 전해 주시겠어요?

NG

「それでは配達の件は延期とお伝えください」

그럼, 배달 건은 연기되었다고 전해 주세요.

말을 전해달라고 부탁할 때는 상대가 메모할 수 있도록 약간의 시간 간격을 두면서 천천히 이야기합시다. 갑작스럽게 본론부터 말하는 것은 상대방에 대한 실례!

전화 목소리는 약간 높은 톤으로

전화는 상대방의 얼굴이 보이지 않으므로, 낮은 목소리로 이야기하면 상대방은 여러분이 어두운 사람이라고 생각할 수 있습니다. 그러므로, 보통 때보다는 높은 톤으로 이야기합시다.

회화의 흐름을 떠올린다

전화를 어렵게 느끼는 사람들이 많은 편입니다. 그럴 때는 전화를 걸기 전에 미리 대화의 흐름을 머릿속으로 떠올려 보는 것도 좋은 방법입니다. 다음에 말할 단어가 머릿속에 들어 있으면 조금은 긴장이 풀리겠죠.

● 전화 걸기 ② ~여러 가지 경우~

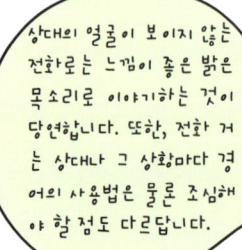

 처음으로 전화 걸 때

「突然のお電話で失礼いたします。わたくし、××商事の小島と申します。○○の件で後藤さまにお取り次ぎいただきたいのですが、今、お手すきでいらっしゃいますでしょうか？」
갑자기 전화 드려서 죄송합니다. 저는 ××상사의 고지마라고 합니다. ○○ 건으로 고토 씨와 통화하고 싶은데, 지금 전화 받을 수 있으실까요?

「はじめてお電話させていただきます。わたくし、××商事の小島と申します。○○の件で後藤さまをお願いしたいのですが、いらっしゃいますでしょうか？」
처음으로 전화 드립니다. 저는 ××상사의 고지마라고 합니다. ○○ 건으로 고토 씨를 부탁하고 싶은데, 지금 자리에 계십니까?

상대가 경계하지 않도록 「突然のお電話で失礼いたします(갑자기 전화 드려서 죄송합니다)」나 「はじめてお電話させていただきます(처음으로 전화 드립니다)」라는 말을 먼저 한 다음, 자신의 이름을 말하도록 합시다. 이때는 「さん」이 아닌 반드시 「さま」라고 붙여서 말해야 합니다.

NG

「××商事の小島と申します。後藤さんをお願いしたいのですが」
××상사의 고지마라고 합니다. 고토 씨를 부탁합니다만.

「××商事の小島ですが、後藤さんはいらっしゃいますか？」
××상사의 고지마입니다만, 고토 씨는 계시나요?

・・・・・・・・・・・・・・・・・・・・・・・・・

 휴대전화에 걸기

「外出先までお電話してしまい申しわけありません。今、お時間よろしいでしょうか？」
외출 중에 전화 드려서 죄송합니다. 지금 시간 괜찮으십니까?

「お忙しいところ失礼いたします。今、お話しさせていただいてもよろしいでしょうか？」
바쁘신 중에 실례하겠습니다. 지금 말씀드려도 괜찮겠습니까?

휴대전화의 경우, 상대가 통화할 수 있는 상황인지의 여부를 우선 확인할 것. 혹시 바쁜 것 같으면 「では、何時頃がよろしいでしょうか？(그럼, 몇 시쯤이 괜찮으신지요?)」라고 묻고 다시 걸도록 합시다.

NG

「後藤さんですか？ 小島です。○○の件ですが~」
고토 씨세요? 고지마입니다. ○○ 건 말인데요~.

상대의 대답은 듣지도 않고 계속해서 이야기하는 것은 올바른 매너가 아니랍니다.

가족의 회사에 전화 걸기

「お仕事中、申しわけありません。小島の娘でございますが、父はおりますでしょうか？」
일하는 중에 죄송합니다. 고지마의 딸입니다만, 아버지 계세요?

「お忙しいところ申しわけございません。小島の身内のものですが、電話をおつなぎいただけますか？」
바쁘신데 죄송합니다. 고지마 씨의 가족입니다만, 전화 좀 연결해 주시겠습니까?

근무 시간에 사적인 전화를 거는 것이므로 우선 그 점에 대한 사과의 말을 한 후, 그 다음에 용건을 이야기합니다.

NG
「すみません、小島をお願いします」
죄송합니다, 고지마 씨 부탁합니다.

「小島ですが、父はいらっしゃいますか？」
고지마입니다만, 아버지 계세요?

 부재 중 전화 메시지 남기기

「急ぎの用件ではないので、またこちらからご連絡いたします」
급한 일은 아니니까, 다시 연락 드리겠습니다.

「○○の件でご連絡いたしました。また改めてご連絡いたしますが、もしお手すきのようでしたら、小島までお電話いただけますでしょうか？」
○○ 건으로 연락 드렸습니다. 다시 연락 드리겠습니다만, 혹시 시간 되시면 고지마에게 전화해 줄 수 있으시겠습니까?

「大変申しわけないのですが、これを聞かれましたら、小島までご連絡をいただけると助かります」
죄송합니다만, 이 메시지를 들으시면 고지마에게 연락해 주시면 감사하겠습니다.

전화를 걸어 온 상대를 알아도 용건을 알 수 없으면 전화를 받은 쪽은 대처할 방법이 없습니다. 상대가 어떻게 해 주길 바라는지를 간단하게 전하도록 합시다. 자신의 전화번호를 남길 때에는 반드시 두 번 반복해서 말합시다.

NG
「小島です。折り返し電話もらえますか？」
고지마입니다. 전화 좀 주시겠습니까?

「小島です。またかけます」
고지마입니다. 다시 걸겠습니다.

● 전화 받기

전화 목소리는 그 회사의 인상을 좌우한다고 해도 과언이 아닙니다. 상대방을 불쾌하게 만들지 않도록 정중하게 대응합시다. 그러나 아무리 정중하게 말하더라도 어두운 목소리로 경어를 사용한다면 아무 소용없습니다. 표정은 목소리로 나타낼 수 있는 법. 물론 상대방은 볼 수 없겠지만, 늘 웃는 얼굴로 응대합시다.

첫 목소리는 힘차게

「はい、××商事でございます」
네, ××상사입니다.

전화벨이 세 번 울릴 때까지 받지 못한 경우에는 「お待たせいたしました(오래 기다리셨습니다)」라는 한마디를 덧붙이도록 합시다. 「もしもし(여보세요)」로 받는 것은 NG!

상대의 이름이 잘 들리지 않았다면

「恐れ入りますが、もう一度お名前をお願いできますでしょうか？」
죄송합니다만, 다시 한 번 이름을 부탁해도 되겠습니까?

「申しわけございません、少々お電話が遠いようですが」
죄송합니다, 전화 상태가 좀 안 좋은 것 같습니다.

상대방의 목소리가 작을 때는 전화기의 탓으로 돌려서 다시 물어보는 것도 하나의 방법입니다.

연결하기

「桃井でございますね。少々お待ちいただけますか？」
모모이 씨 말씀이시죠? 조금 기다려 주시겠습니까?

「かしこまりました。桃井におつなぎいたしますので、少々お待ちください」
알겠습니다. 모모이 씨와 전화 연결해 드릴 테니, 잠시만 기다려 주십시오.

이름을 다시 말하면 실수를 방지할 수 있답니다.

상대가 이름을 말하면

「佐藤さまですね。いつもお世話になっております」
사토 씨군요. 언제나 신세 많이 지고 있습니다.

상대의 이름을 반복한 뒤, 인사말을 잊지 않도록 합시다.

상대방이 이름을 말하지 않는다면

「失礼ですが、お名前をおうかがいしてもよろしいでしょうか？」
실례합니다만, 이름을 여쭤봐도 될까요?

「失礼ですが、どちらさまでしょうか？」
실례입니다만, 누구신지요?

상대방이 이름을 말하지 않고 이야기를 시작하려고 해도, 당황하지 말고 반드시 물어봅시다.

전화를 연결할 상대가 부재 중일 때

자리에 없을 경우

「申しわけございません。あいにく桃井は席をはずしております」
죄송합니다. 마침 모모이는 자리를 비웠는데요.

「申しわけございません。ただ今桃井は打ち合わせ中でございます。15時頃には終了するかと思いますが」
죄송합니다. 지금 모모이는 회의 중입니다. 3시 정도에는 끝날 것 같습니다만.

휴가 중일 때

「申しわけございません。桃井は本日(○日まで)お休みをいただいております」
죄송합니다. 모모이는 오늘 (○일까지) 휴가입니다.

외근 시

「あいにく外出しておりまして、本日は戻らない予定になっておりますが」
마침 외근 나가서, 오늘은 바로 퇴근한다고 했습니다만.

「申しわけございませんが、ただ今外出しております。15時には戻る予定になっておりますが」
죄송합니다만, 지금은 외근을 나갔습니다. 3시에는 돌아올 예정입니다만.

어느 정도 지나고 나서 돌아올지 또는 돌아오지 않을지 예정을 정확하게 전달하는 것이 무엇보다 중요합니다.

대처방법을 확인

「戻りしだい、こちらからお電話をさしあげるようにいたしましょうか?」
돌아오는 대로 전화 드리라고 전할까요?

급한 일인지의 여부를 확인하고, 대처 방법은 상대방이 정하도록 합니다. 상대방이 전화번호를 말하면, 반드시 다시 한 번 반복해서 번호를 확인하도록 합시다.

전화를 끊기 전에

「お手数をおかけしますが、よろしくお願いいたします。わたくし、桃井が承りました。失礼いたします」
번거로우시겠지만, 잘 부탁합니다. 저는 모모이였습니다. 실례하겠습니다.

자신의 이름을 말하면 상대방도 안심하고 전화를 끊을 수 있겠죠. 상대가 수화기를 놓는 소리를 확인하고 나서 전화를 끊으면 더욱 정중한 인상을 줄 수 있답니다.

존경어(尊敬語)・겸양어(謙讓語)・정중어(丁寧語)

경어는 사용하는 때와 상대방에 따라 그 형태가 변합니다. 먼저 기본 문형을 익혀 봅시다.

존경어(尊敬語)
상대의 동작이나 상태 등에 대해서 존경의 마음을 나타내는 말

기본형
- お(ご)＋～になる
  (なさる／くださる)
- ～れる(られる)
- お(ご)～

겸양어(謙讓語)
자신 또는 가족의 동작이나 상태를 낮추어서 표현하는 말

기본형
- お(ご)＋する(いたす)
- お(ご)＋いただく
- お(ご)＋申(もう)し上(あ)げる
- 拝(はい)＋～する

정중어(丁寧語)
말을 정중하게 함으로써 상대방에게 경의를 표하는 말

기본형
- ～ます, ～です,
  ～ございます
- ～していただけますか?,
  ～お願(ねが)いいたします
- お(ご)～

경어 표현 변환의 예

기본형	존경어	겸양어
する 하다	なさる	いたす
いる 있다	いらっしゃる	おる
言う 말하다	おっしゃる	申す
見る 보다	ご覧になる	拝見する
見せる 보여 주다	お見せになる	お目にかける ご覧に入れる
聞く 듣다	お聞きになる	拝聴する
聞かせる 들려 주다	お聞かせになる	お耳に入れる
読む 읽다	お読みになる	拝読する
行く 가다	いらっしゃる 行かれる	うかがう まいる
来る 오다	いらっしゃる お越しになる おいでになる お見えになる	まいる うかがう
知る 알다	ご存じだ	存じ上げる
思う 생각하다	お思いになる 思われる	存ずる
食べる・飲む 먹다・마시다	召し上がる	いただく
着る 입다	お召しになる	着させていただく
借りる 빌리다	お借りする	拝借する
年をとる 나이를 먹다	お年を召される	
もらう 받다		いただく ちょうだいする
気に入る 마음에 들다	お気に召される	
会う 만나다	お会いになる	お目にかかる
たずねる 묻다		おたずねする
訪ねる 방문하다	お越しになる	うかがう お邪魔する
帰る 돌아가(오)다	お帰りになる	失礼する
持っていく 가지고 가다	お持ちになる	持参する
風邪をひく 감기에 걸리다	お風邪を召される	
寝る 자다	お休みになる	休ませていただく

정중어 만들기

する 하다	なさいます, いたします
いる 있다 〈생물〉	おられます
ある 있다 〈무생물〉	ございます
言う 말하다	申します
知る 알다	存じています
思う 생각하다	存じます
どう 어떻게	いかが
どれぐらい 어느 정도	いかほど
ちょっと 조금, 약간	少々
さっき 조금 전	さきほど
あとで 나중에	のちほど
すぐに 바로	さっそく
やっぱり 역시	やはり
じゃあ 그럼	では, それでは
こっち, あっち, そっち 여기, 저기, 거기	こちら, あちら, そちら
昨日, 今日, 明日 어제, 오늘, 내일	さくじつ, ほんじつ, みょうにち
おととい, あさって 그저께, 내일 모레	いっさくじつ, みょうごにち

제2장
이럴 때는 이 한마디!
테마별 경어

유리하게 대화 이끌기
주위 사람들에게
칭찬 받는 법!

● 자신의 의견 말하기 ①
~회의~

신상품 블라우스의
디스플레이에 대해서

옷 가게에서

「ウィンドウに飾るブラウスはどれがいいと思う？」
매장 윈도우에 디스플레이할 블라우스로는 뭐가 좋을까?

「私のおすすめはこちらですが、みなさんはいかがでしょう？」
제가 추천하는 것은 이것입니다만, 여러분은 어떠세요?

~타인의 의견을 듣는다~
자신의 생각을 강요하는 듯한 인상을 피하기 위해서라도 다른 사람의 의견을 묻는 방식으로 발언하는 게 좋습니다.

「うーん、それもいいわね」그래, 그것도 좋네.

「沢村さんのブラウスも素敵ですよね。でも、そのデザインは少し季節が早いような気もするのですが……」
사와무라 씨의 블라우스도 정말 멋져요. 그런데, 그 디자인은 조금 계절을 앞서 가는 것 같은데…….

~타인의 의견을 존중한다~
반대 의견이 있을 경우, 처음부터 상대방의 의견을 부정하지 말고 일단 동의한다는 뜻을 나타낸 다음 「でも~」라고 부드럽게 반대 의견을 말하는 방법도 있습니다.

「はい、私はこのデザインがいいと思います。こちらも検討してみていただけますか？」
네, 저는 이 디자인이 좋다고 생각합니다. 이것도 검토해 보시겠어요?

~동의를 구한다~
검토를 부탁한다는 식으로 말하면 보다 강한 의지를 전달할 수 있답니다.

OX호텔의 꽃 장식에 대해서

꽃집에서

「どんな花がいいかしら？」 어떤 꽃이 좋을까?

「はい、よろしいでしょうか？ 私はピンク系のアレンジがいいと思います。なぜなら……」
네, (제 의견을 말해도) 괜찮을까요? 저는 핑크 계열 장식이 어떨까 합니다. 왜냐하면…….

~결론부터 먼저 말한다~
이유를 길게 늘어 놓으면 결국 하고 싶은 말이 무엇인지 확실해지지 않을 수 있습니다. 우선 결론을 먼저 말하고, 나중에 설명하는 편이 효과적이랍니다.

「そういえばOOレストランのアレンジはどうしますか？ この間店長から確認してほしいと言われまして……」
그러고 보니 OO레스토랑의 장식은 어떻게 할까요? 얼마 전 점장님께서 확인해 보라고 하셨는데…….

~사람의 이야기를 가로막지 않는다~
갑자기 화제를 바꾸는 등 다른 사람의 이야기를 가로막는 것은 대화의 매너가 아닙니다. 상대의 이야기를 경청하는 자세를 기릅시다.

「じゃあ、今回はピンク系のアレンジにしましょうか？」
그럼, 이번에는 핑크 계열로 장식해 볼까요?

「ありがとうございます」 감사합니다.
~감사의 마음은 바로 말로 표현한다~
이 한마디를 하고 안 하고는 아주 큰 차이가 있습니다.

● 자신의 의견 말하기 ②
~ 프레젠테이션 ~

신상품 판매 캠페인에 대해서

파견된 회사에서

「みなさんご存じのとおり、ダイエットは女性にとって最大の関心事です」
여러분도 아시다시피 다이어트는 여성들에게 최대의 관심사입니다.

「このチョコレートのよさは2つあります。1つはカロリーが低いこと、そして2つ目は~」
이 초콜릿의 장점은 두 가지입니다. 첫 번째는 칼로리가 낮다는 것, 그리고 두 번째는~.

~요점을 제시한다~
이제부터 이야기할 것을 제일 처음에 말하면, 상대도 알기 쉽고 도중에 이야기가 다른 길로 새는 일도 없어집니다.

「まずは試食キャンペーンを行ってはいかがでしょうか? 日時は~」
우선 시식 캠페인을 해 보는 건 어떨까요? 날짜는~.

~읽기만 해서는 안 된다~
의견을 말할 때는 목소리의 톤과 억양을 연구해서 상대가 지루해하지 않도록 합시다.

「質問してもよろしいでしょうか? カロリーオフについてはわかったのですが、○○の部分についてもう少し意見を聞かせてください」
질문해도 되겠습니까? 칼로리를 낮췄다는 것에 대해선 알겠습니다만, ○○ 부분에 대해서는 조금 더 의견을 들려 주시길 바랍니다.

~질문으로 참가한다~
자신의 의견이 정리가 덜 되었는데도, 무슨 말이든 해야 한다면 우선 질문의 형태로 회의에 참가해 봅시다.

신 메뉴 도입에 대해서

카페에서

「みなさん、お手元に資料はおそろいでしょうか？ それでは始めさせていただきます」
여러분, 앞에 자료는 다 있으시지요? 그럼, 시작하겠습니다.

「今販売しているカフェオレにローファットミルクを使用し、それから……、さらに……」
현재 판매되고 있는 카페오레에 저지방 우유를 사용하고 그리고……, 또…….

~문장은 짧게~
길게 설명해봤자 상대방에게는 잘 전달되지도 않습니다. 때로는 짧은 문장을 끼워 넣는 등 발언에 리듬감을 주도록 합시다.

「それで、えっと、シロップの種類は、えーっと……」
그래서, 그러니까 시럽의 종류는 그게…….

~말버릇에 주의~
누구에게나 말버릇은 있지만, 발언의 중간에 몇 번이나 계속해서 듣게 되면 상대방의 귀에 거슬리게 되고 내용도 잘 알아듣지 못하게 됩니다. 의식해서 쓰지 않도록 노력합시다.

「これまでの説明で何かわかりにくい点はありますでしょうか？」
지금까지 설명 드린 것 중에서 이해가 안 가는 점이 있으셨습니까?

~질문을 받는다~
발언을 하고 있을 때는 기회가 없어서 질문을 못하고 있는 사람이 있을지도 모릅니다. 발언 도중에 가끔씩 질문을 유도합시다.

「では、ご質問の件について説明させていただきます」
그렇다면 질문하신 건에 대해서 설명해 드리겠습니다.

●다른 회사 방문하기

다른 회사 사람들과 하게 되는 회의는 사회인으로서 데뷔하는 중요한 단계입니다. 처음에는 누구나 긴장하기 마련이죠. 중요한 것은 긴장하지 않고 어깨 힘을 빼고 밝은 웃음으로 임하는 것입니다. 방문할 때 쓰이는 경어를 미리 익혀 둔 뒤 출발합시다!

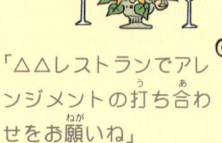

「△△レストランでアレンジメントの打ち合わせをお願いね」
△△레스토랑에서 꽃 장식에 대한 회의가 있는데, 잘 부탁해.

SCENE 1 상대의 사정을 확인하기

「わたくし、☆☆ショップの桃井と申します。本日、アレンジメントの件でおうかがいしたいのですが、ご都合はいかがでしょう?」
저는 ○○숍의 모모이라고 합니다. 오늘 꽃 장식 건으로 찾아 뵙고 싶은데요. 괜찮으시겠습니까?

NG
「☆☆ショップの桃井です。本日おうかがいしたいのですが……」
☆☆숍의 모모이입니다. 오늘 방문하고 싶은데요…….

다른 회사를 방문할 때는 우선 상대의 상황을 묻는 것이 기본입니다. 자신의 사정만 이야기한다면 상대방은 불쾌한 기분을 느낄 것입니다.

길을 잃었다!

すみません、少々おうかがいしたいのですが、△△レストランへは、どう行けばよろしいのでしょうか?
죄송합니다. 좀 물어보겠는데요, △△레스토랑에 가려면 어떻게 해야 하나요?

↪ 길을 잃으면 주위 사람에게 물을 것. 당황되더라도 모르는 사람에게 말을 걸 때는 침착하고 정중하게!

SCENE 2 방문하기

NG
「加藤さまに会いにまいりました」
가토 씨를 만나러 왔습니다.

「まいりました」가 자신을 낮추는 표현은 맞지만, 그 전에 자신의 이름, 약속의 유무 등을 제대로 전하지 않으면 경어로서 성립되지 않는답니다.

「☆☆ショップの桃井と申します。加藤さまと15時のお約束をいただいておりますが」
☆☆숍의 모모이라고 합니다. 가토 씨와 3시로 약속이 되어 있습니다만.

「恐れ入りますが、お取り次ぎいただけますでしょうか?」
죄송합니다만, 연락 좀 해 주시겠습니까?

NG
「すみませんが、取り次いでいただけますか?」
미안하지만, 연락 좀 해 주실래요?

본인의 요구를 전할 때는 「いただけますでしょうか?」 또는 「~願えますでしょうか?」를 사용하는 것이 경어의 상식이랍니다. 「すみません」은 물론 NG!

SCENE 3 안내 받은 장소에서 기다리기

「こちらへどうぞ」 여기서 기다리세요.

> ありがとう ございます。
> それでは お邪魔(じゃま)いたします
> 감사합니다.
> 그러면 실례하겠습니다.

NG
「はい」 네.

안내 받은 곳에 들어설 때는 「失礼(しつれい)いたします (실례하겠습니다)」라고 말해도 됩니다. 문을 열어 주었다면 가볍게 목례하는 것도 잊지 마세요.

「加藤(かとう)は今(いま)電話中(でんわちゅう)なので、こちらで少(すこ)しお待(ま)ちいただけますか?」
가토는 지금 전화를 받고 있으니까, 여기서 조금만 기다려 주시겠어요?

> かしこまりました。
> では、こちらで 待(ま)たせていただきます
> 알겠습니다.
> 그럼, 여기서 기다리도록 하겠습니다.

NG
「わかりました。お待ちします」
알겠습니다. 기다리겠습니다.

이때는 알겠다는 말을 보다 잘 전달할 수 있는 한마디가 필요합니다. 「わかりました」는 정중한 느낌이 조금 떨어집니다.

 SCENE 4 음료 접대 받기

「コーヒーと緑茶(りょくちゃ)、どちらがよろしいでしょうか」
커피와 녹차 중 어떤 것을 드릴까요?

> では、コーヒーを お願(ねが)いいたします
> 그럼, 커피로 부탁합니다.

NG
「コーヒーでいいです」 커피면 됐어요.

「~でいい(~(으)로 됐다)」라는 대답에는 「どちらもイヤ(둘 다 싫다)」라는 뉘앙스가 있습니다. 「を」를 써서 정확히 「~いたします」라고 정중하게 대답합시다.

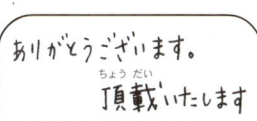

> ありがとうございます。
> 頂戴(ちょうだい)いたします
> 감사합니다. 잘 마실게요.

NG
「いただきます」 잘 먹겠습니다.

음료를 받았을 때는 반드시 감사의 인사를 한 다음 마실 것. 돌아가는 길에 차를 내 준 사람과 마주치게 된다면, 「先(さき)ほどはごちそうさまでした(아까는 잘 마셨어요)」라는 한마디를 잊지 말고 건넵시다.

🔵 회의하기

보다 정중하고 때와 장소에 맞는 정확한 대처가 요구되는 회의 장소야말로 제대로 된 경어를 써야 할 때입니다. 그 자리에서 당황하지 않도록 기본 문형을 머릿속에 넣고 임합시다.

방문을 받은 회사 측에서는

「担当の加藤です。お待たせして申しわけありません」
담당자 가토입니다. 기다리게 해서 죄송합니다.

「お待たせいたしました。本日はわざわざお越しいただき恐縮です」
오래 기다리셨습니다. 오늘은 일부러 이렇게 와 주셔서 감사드립니다.

「お忙しい中、お呼び立ていたしまして、申しわけありません」
바쁘신데 오라고 해서 죄송합니다.

인사를 한다

「はじめまして、桃井と申します。本日はどうぞよろしくお願いいたします」
처음 뵙겠습니다. 모모이라고 합니다. 오늘은 잘 부탁합니다.

「お忙しいところ、お時間をいただきまして、ありがとうございます」
바쁘신 중에 시간을 내 주셔서 감사드립니다.

「このたびは、貴重なお時間をさいていただき、恐縮でございます」
오늘 귀중한 시간을 할애해 주셔서 감사드립니다.

자기 소개와 함께 서로 시간을 할애해 준 것, 또는 여기까지 와 준 것에 대한 감사의 뜻을 전합시다.

용건을 꺼낸다

「本日はフラワーアレンジの件でおうかがいいたしました」
오늘은 꽃 장식 건으로 찾아 뵀습니다.

「さっそくですが、フラワーアレンジの件についてお話しさせていただいて、よろしいでしょうか？」
바로 본론으로 들어가, 꽃 장식에 대해 말씀을 드려도 괜찮을까요?

「ところで」、「さっそくですが」 등은 본론으로 들어간다는 신호입니다.

대답하기 어려울 때

「社に戻りまして、早急に確認いたします。明日までにお返事を差し上げるということでよろしいでしょうか?」
회사로 돌아가서 바로 연락 드리겠습니다. 내일까지 대답을 해 드리면 괜찮겠습니까?

「わたくしの一存ではお答えしかねますので、上司にその旨報告いたしまして、早急にご連絡いたします」
제 생각만으로는 대답하기 어려우므로 상사에게 이 내용을 보고하고 바로 연락 드리겠습니다.

애매모호한 대답은 나중에 큰일이 될 수도 있습니다. 일단 보류로 하자는 뜻을 정확히 전달합시다.

제안하기

「こちらといたしましては、バラなどがよろしいかと思いますが、いかがでしょう?」
저희는 장미 등이 어떨까 하는데요. 어떠십니까?

「ご希望をもとに、いくつかフラワーアレンジを考えてみましたので、ご覧いただけますか?」
희망하신 내용을 기본으로 몇 가지 꽃 장식에 대해서 생각해 보았는데, 한 번 보시겠습니까?

「ご参考までに、見本をいくつかお持ちいたしました。ご覧いただけますでしょうか?」
참고 삼아 견본을 몇 가지 가지고 왔습니다. 한 번 보시겠습니까?

제안을 할 때는 강요한다는 느낌을 주지 않도록 부드러운 말투를 씁시다.

이야기 마무리 짓기

「お時間のほうは、まだよろしいですか?」
시간 아직 괜찮으세요?

「ご質問などございましたら、いつでもご連絡ください」
질문이 있으시면 언제든지 연락 주세요.

「申しわけありません、16時から別件で打ち合わせが入っておりまして」
죄송합니다. 오후 4시부터 다른 건으로 회의가 있어서요.

이제 그만하자는 뜻으로 쓰이는 경어를 기억해 두면 편리하겠죠. 또한, 다음 약속이 있다는 것을 확실히 말하는 것도 하나의 방법이랍니다.

자리를 뜰 때의 인사말

「本日はお時間をいただき、どうもありがとうございました」
오늘은 시간을 내 주셔서 정말 감사했습니다.

「それでは、ご連絡をお待ちしております。本日はまことにありがとうございました」
그럼, 연락 기다리고 있겠습니다. 오늘은 진심으로 감사했습니다.

「本日はこれで失礼いたします。見積書ができしだい、またご連絡させていただきます」
오늘은 그만 실례하겠습니다. 견적서가 나오는 대로 또 연락 드리겠습니다.

마지막은 정중한 감사의 말로 끝맺습니다. 상대가 배웅하러 나오는 것을 거절하고 싶을 때는 「こちらで失礼いたします(여기서 실례하겠습니다)」라는 말을 덧붙이는 것도 좋겠죠.

● 재촉하기

비즈니스 회화에서 어쩔 수 없이 필요한 것이 바로 '재촉하는 것'입니다. 그러나 상대방에게 무언가를 재촉한다는 건 상당히 어려운 일이죠. 상대방을 불쾌하게 만들지 않고 부드럽게 의사를 전달하기 위한 몇 가지 경어 패턴을 익혀 봅시다.

회의를 하고 나서 며칠 뒤

거래처에 재촉할 때는 상대를 존중하면서 부드럽게 말하는 것이 포인트. 「いかがなりましたでしょうか?(어떻게 되었나요?)」라는 한마디로 상대방은 재촉 받고 있다는 것을 알게 될 것입니다.

お世話(せわ)になっております。
わたくし、先日(せんじつ)おうかがいしました☆☆ショップの桃井(ももい)と申(もう)します。フラワーアレンジの件(けん)は、その後(ご)いかがなりましたでしょうか?

신세 많이 지고 있습니다. 저는 지난번에 찾아 뵈었던 ☆☆숍의 모모이라고 합니다. 꽃 장식에 대한 건은 그 뒤로 어떻게 되어 가고 있나요?

응용 문형

「先日(せんじつ)打(う)ち合(あ)わせさせていただいた件(けん)なのですが、今(いま)、お話(はな)ししてもよろしいですか?」
지난번 회의했던 내용 말입니다만, 지금 이야기해도 괜찮을까요?

가볍게 언급을 하면 상대방은 자신이 재촉 받고 있다는 것을 깨닫게 될 것입니다.

「もし他(ほか)にご要望(ようぼう)がございましたら、おうかがいいたしますが」
혹시 다른 요구 사항이 있으시면 말씀해 주십시오.

상대방이 주저하면서 대답을 못할 상황도 있을 수 있으므로, 대처 방안을 제시해 보는 것도 하나의 방법입니다.

「催促(さいそく)がましくて恐縮(きょうしゅく)です。先日のフラワーアレンジの件についておうかがいしたいのですが」
재촉하는 것 같아서 죄송합니다. 지난번 꽃 장식 건에 대해서 여쭈고 싶은데요.

때로는 직접적으로 '재촉'이라는 말을 써도 무방합니다. 이때는 「恐縮です(죄송합니다)」라는 말을 덧붙여야 한다는 걸 잊지 말 것.

OK 사장님에게 하는 재촉

「△△レストランの見積もりなのですが、先方から少し急いでほしいと言われまして……」

△△레스토랑의 견적 말인데요, 그쪽에서 조금 더 서둘러 줬으면 좋겠다고 해서요…….

NG

「△△レストランの方が、一体見積もりはどうなってるんだとお怒りでして……」

△△레스토랑에서 대체 견적은 어떻게 되어 가고 있냐고 화를 내서서…….

제3자의 재촉을 받았다고 말하는 것도 효과적인 방법입니다. 그러나 제3자의 말이 심리적 부담이 될 수도 있으므로, 나름대로 완화시켜서 전하는 기술도 필요하겠죠.

OK 업체 사람들에 대한 재촉

「先日お願いしたフラワーバスケットはいつ頃届けていただけますか?」

지난번 부탁한 꽃 바구니는 언제쯤 배달해 주시나요?

NG

「先日お願いしたフラワーバスケット、まだですか?」

지난번 부탁한 꽃 바구니는 아직인가요?

재촉할 때는 「まだ?(아직?)」라는 말은 쓰면 안 됩니다. 거친 인상을 주게 되고 상대방에게도 실례입니다. 「いつ頃?(언제쯤?)」라고 날짜를 묻는 식으로 재촉하는 것이 바람직하답니다.

OK 점장님에게 재촉

「この間お貸ししたフラワーアレンジの本、ちょっと調べたいことができたので、もし読み終わられていたら返していただいてもいいですか?」

얼마 전 빌려 드린 꽃 장식에 관한 책 말인데요, 좀 조사할 게 생겼는데, 혹시 다 읽으셨다면 돌려 주실 수 있으세요?

NG

「この間の本、使いたいので返してもらっていいですか?」

지난번 책, 필요하니까 돌려 주시겠어요?

상대방에게 부담을 주지 않기 위해서도, 「急に決まってしまった(갑자기 필요하게 되었다)」라는 뉘앙스를 전달하는 것이 포인트입니다. 또한, 「もし読み終わられていたら〜(혹시 다 읽으셨다면〜)」라고 상대방의 사정을 고려하는 말도 잊지 마세요.

「正式に発注します」
정식으로 발주하겠습니다.

「やったあ〜!!」
해냈다!

商談成立
상담성립

● 그 자리에서 바로 대답할 수 없을 때의 대처 방법

혼자서는 판단내릴 수 없는 경우⋯⋯, 일을 하다 보면 자주 이런 상황에 부딪히곤 합니다. 애매모호하게 대답한다고 해서 상황이 해결되지도 않고, 무엇보다 상대방을 화나게 만들 수도 있습니다. 갑자기 무리한 요구를 해오면 충격을 완화시켜줄 수 있는 경어가 필요하겠죠. 적절한 표현을 익혀서 실수하는 일이 없도록 합시다.

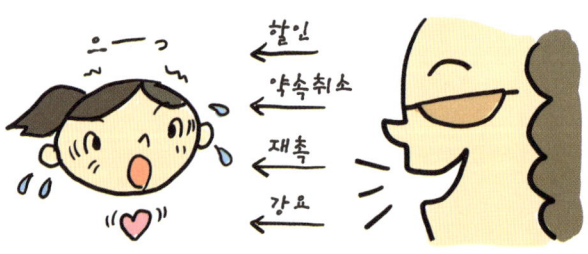

SCENE 1

「もう少し安くならないのかしら？」
좀더 싸게 안 될까요?

申しわけございません。わたくしの一存では決めかねますので、その旨店長に申し伝えます

죄송합니다. 제가 결정할 사항이 아니므로, 그 내용을 점장님께 전하겠습니다.

대응하기 곤란해지면 우선 상사에게 의논해 봅시다. 그럴 때는 「一存では決めかねます(혼자서는 결정할 사항이 아닙니다)」라는 의미가 담긴 말을 덧붙이는 게 좋습니다.

SCENE 2

ただ今担当のものに確認してまいりますので、少々お待ちいただけますか？

지금 담당자에게 확인하고 올 테니, 잠시만 기다려 주시겠습니까?

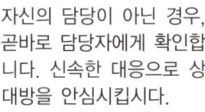

「先日頼んだ、パーティー用のアレンジを変更したいんだけど」
지난번에 부탁했던 파티용 꽃 장식을 변경하고 싶은데요.

자신의 담당이 아닌 경우, 곧바로 담당자에게 확인합니다. 신속한 대응으로 상대방을 안심시킵시다.

「そろそろチューリップの季節だと思うんだけど、まだ入らない？」
이제 튤립의 계절인 것 같은데, 아직 안 들어왔나요?

상대방에게 적극적인 자세를 전달하기 위해서는 「後ほどご連絡させていただきます」라는 한마디가 효과적이랍니다.

申しわけございません。すぐに確認し、後ほどご連絡させていただきます
죄송합니다. 바로 확인해서 나중에 연락 드리겠습니다.

「この間、店長に母の日用の花束のアレンジを相談したんだけど、その後どうなりましたか？」
얼마 전 점장님께 어머니날용 꽃다발 디자인에 대해서 상담했었는데, 그 이후 어떻게 되었나요?

점장님이 언제 돌아올지를 명확하게 알리는 것이 중요합니다. 전할 말이 있는지 물으면 보다 정중한 인상을 줄 수 있답니다.

あいにく店長は本日お休みをいただいております。もしお急ぎでしたら、ご伝言を承りますが
죄송하지만, 점장님께서는 오늘 휴일입니다. 급하신 일이라면 전하실 말을 받아 놓겠습니다만.

「今日中に配達してほしいんですが」
오늘 중으로 배달해 줬으면 하는데요.

무리한 요구라도 일단 노력해 보겠다는 자세를 보이면서 상대방에게 의욕을 전합시다. 그리고 나서 배달 가능한 시기를 제시하면 됩니다.

申しわけございません。至急確認いたしますが、もし難しい場合は明日午前中にできるよう交渉いたしますが、いかがでしょう？
죄송합니다. 바로 확인하겠습니다만, 혹시 어려운 경우에는 내일 오전까지는 배달될 수 있도록 노력하겠습니다. 괜찮으시겠습니까?

「この花、間違えて買っちゃったから返品したいんですけど」
이 꽃, 잘못 사서 반품하고 싶은대요.

도저히 받아들일 수 없는 요구에 대해서는 「規則がある(규칙이 있다)」라는 이유로 빠져나가는 것도 하나의 방법이랍니다.

お客さまのご事情も理解できるのですが、お引き受けできない規則になっておりまして…。大変申しわけございません
손님의 사정은 이해가 됩니다만, 반품은 규칙에 어긋납니다……. 정말 죄송합니다.

●사내 회의는 [HIKS(힉스)의 법칙]으로

사내라고 해서 편한 말투를 쓰는 것은 NG입니다. 상황에 맞는 경어에는 사실 법칙이 있습니다. 이름하여 「HIKS의 법칙」.

보류 ~파견 나간 회사에서~

その件につきましては、少し考えさせていただけないでしょうか？
그 건에 관해서는 조금 생각할 시간을 주시겠습니까？

「来月から土曜日も出社してほしいんだけど」
다음 달부터 토요일도 회사에 나와 주었으면 좋겠는데.

그 자리에서 대답할 수 없는 요구에 대해서는 시간이 필요하다는 뜻을 정확히 전달합시다.

「新しくなった販売マニュアル、目を通してくれた？」
새로워진 판매 매뉴얼 봤어？

보고 ~옷 가게에서~

はい、拝見しました
네. 봤습니다.

회의할 때의 보고는「はい」에 이어지는 그 다음 한마디가 중요한데, 그 이유는 자신의 의지를 표현할 수 있기 때문입니다.

부정 ~옷 가게에서~

申しわけありません。明日はどうしてもはずせない用がありまして…
죄송합니다. 내일은 도저히 시간을 뺄 수 없는 일이 있어서요……

「明日、銀座のお店で市場調査をやりますが、誰か行ける人いますか？」
내일 긴자 상점에서 시장조사를 할 건데, 갈 수 있는 사람 있어요？

부정의 뜻을 전할 때는 반드시 이유와 의견을 말해야 합니다.

「この商品の売れ行きがよくないねぇ。どうしたらいいかな？」
이 상품은 판매실적이 좋지 않네. 어떻게 하면 좋을까？

의견 ~백화점 지하 매장에서~

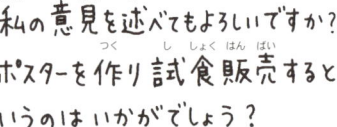

私の意見を述べてもよろしいですか？ポスターを作り試食販売するというのはいかがでしょう？
제 의견을 말씀 드려도 될까요？ 포스터를 만들어 시식 판매하는 건 어떻겠습니까？

의견을 낼 때는 정중한 표현을 사용합시다.

 거수 (손들기)　~꽃집에서~

「はい、ぜひ私にも担当させていただけないでしょうか？」
네, 저에게도 꼭 맡겨 주시면 안 될까요?

「来月から新しいブーケを販売しますので、アレンジを考えようと思います」
다음 달부터 새로운 부케를 판매하니까, 디자인에 대해서 생각해 볼까 합니다.

회의에서는 의욕 있는 자세가 환영받습니다. 자신이 할 수 있다고 생각되는 것은 주저 말고 손을 들어 말하도록 합시다.

「明日までペットフードの宣伝チラシ、考えてくれる？」
내일까지 애완동물 사료에 관한 전단지에 대해서 생각해 줄래?

「はい、ご期待に添えるようがんばります」
네, 기대에 부응할 수 있도록 노력하겠습니다.

과제　~애완동물 가게에서~

일을 맡으면「ご期待に添えるよう(기대에 부응하도록)」또는「早速とりかかります(바로 하겠습니다)」등 적극적인 자세가 전달될 수 있는 한마디를 덧붙여서 인상을 좋게 만듭시다.

 즉결　~카페에서~

「かしこまりました。明日までには仕上げます」
알겠습니다. 내일까지는 완성하겠습니다.

「じゃあ、新メニューの第一案は桃井さんに担当してもらいます」
그럼, 신 메뉴의 첫 번째 안은 모모이 씨가 담당하도록 하죠.

이 경우,「わかりました(알겠습니다)」는 정중한 느낌이 조금 덜하므로「かしこまりました」또는「了承しました」등으로 대답합니다.

NG WORD		OK WORD	
그 자리에서 거절한다.	「それは無理だと思います」그건 무리일 것 같습니다.		「恐れ入りますが」죄송합니다만
	「できません」안 됩니다.		「ひとつだけよろしいですか？」하나만 (말씀 드려도) 괜찮으시겠습니까?
말을 못 잇는다.	「えーっと……」그게 저……		「~ですが、いかがでしょう？」~입니다만, 어떻습니까?
	「ですから」그러니까요.		「私も考えてみましたが」저도 생각해 보았습니다만
계속 반론한다.	「そういうことではなく」그런 게 아니라		
	「いや、それは……」아니, 그건……		

● 웃분 접대하기

안내하기

「会場までご一緒させていただきます」
회장까지 모시겠습니다.

상대방이 웃사람일 경우에는 「~させていただきます」라고 자신을 낮추는 표현을 씁니다.

주문하기

「何を召し上がりますか？」 무엇을 드시겠습니까?
「何か苦手なものはございますか？」
뭐 못 드시는 음식은 있으십니까?
「酢豚は召し上がりますか？」 탕수육은 드십니까?

보다 정중하게 하려고 「召し上がる」에 「お」를 붙이면 이중 경어가 되어 버리므로 주의합시다.

음료수 물어보기

「お飲み物は何になさいますか？」
음료수는 무엇으로 하시겠습니까?

「ビールでよろしいですか？」
맥주 괜찮으십니까?

「おつぎいたしましょうか？」
따라 드릴까요?

「ソフトドリンクはジュースとウーロン茶がございますが」
소프트 드링크로는 오렌지 주스와 우롱차가 있습니다만,

음료수 취향은 사람마다 각자 다르므로 한가지로 정하지 말고, 정중하게 물으면서 돌아다니도록 합니다.

술잔 받기

「いただきます」잘 마시겠습니다.

「もう十分いただきましたので、お気持ちだけいただきます」
벌써 충분히 마셨으니, 마음만 받겠습니다.

「すみません、これ以上飲むと目がまわってしまうので、ジュースをいただいてよろしいでしょうか」
죄송합니다. 더 이상 마시면 취할 것 같으니 주스로 받아도 괜찮을까요?

거절할 경우에는「もう飲めません(더 이상 못 마셔요)」이라고 단호히 말해 버리면 상대방이 불쾌하게 느낄 수도 있습니다.「もう十分いただきました(충분히 마셨습니다)」또는「他のものをいただきます(다른 것으로 받겠습니다)」라는 식으로 부드럽게 거절합시다.

대화가 즐거워지는 4가지 비결

1 칭찬하기

「その時計、素敵ですね」 그 시계, 멋지네요.

「素敵なネクタイですね。私も好きなデザインです」
멋진 넥타이인데요. 저도 좋아하는 디자인이에요.

「女性が喜ぶ気配りをよくご存知ですね」
여성이 좋아할 만한 매너를 잘 아시네요.

2 감사의 말 전하기

「いつも的確なご指示をいただき、ありがとうございます」
언제나 확실한 지시를 내려 주셔서 감사드립니다.

「先日は仕事を代わっていただき、ありがとうございます」
지난번에는 일을 대신해 주셔서 감사합니다.

「この間は、食事に誘っていただきありがとうございました」
지난번에는 식사를 대접해 주셔서 감사했습니다.

3 질문하기

「休日は何をされることが多いですか？」
휴일에는 주로 뭘 하십니까?

「私は所沢に住んでいるので、職場まで1時間かかるんですよ。太山さんはお住まいはどちらですか？」
저는 도코로자와에 살고 있어서 직장까지는 1시간이 걸려요. 오야마 씨는 어디 사세요?

「昼食は何を召し上がりましたか？」
점심으로는 뭘 드셨습니까?

4 경험담 말하기

「この間、途中で電車が止まって大変だったんですよ」
얼마 전, 전철이 갑자기 멈춰서 큰일났습니다.

「最近、一番感動した映画は『釣りバカ日誌』です。太山さんは何かご覧になりましたか？」
최근에 가장 감동 받은 영화는 '낚시꾼 일지' 입니다. 오야마 씨는 무슨 영화 보신 것 있으십니까?

「私、出身は山形なんですが、太山さんはどちらですか？」
저는 야마가타 출신인데, 오야마 씨는 고향이 어디십니까?

● "어서 오세요"로 시작되는 판매 경어

우선은 「いらっしゃいませ」

「こちらは、今とてもお求めやすくなっております」
이 상품은 지금 매우 가격이 저렴합니다.

「よろしければ、試着なさってみてはいかがですか？」
괜찮으시다면 한 번 입어 보시겠어요?

「他のサイズもお持ちいたしましょうか？」
다른 사이즈도 가지고 와 볼까요?

「お荷物はこちらでお預かりいたしましょうか？」 짐은 저희가 맡아 드릴까요?

「何かお探しの品はございますか？」
뭐 찾으시는 물건 있으십니까?

「こちらなどはいかがでしょうか？」
이건 어떠세요?

「こちらをお買い上げでございますか？」
이것을 구입하시겠습니까?

客：「うーん、そうねぇ……」
으음, 그렇군……

「合計で○○円でございます」
다 해서 ○○ 엔입니다.

「～でよろしかったでしょうか？」
과거형으로 물어보는 것은 부자연스럽습니다.
「よろしいでしょうか」라고 물어봅시다.

「サイズ的には一緒です」
「～的」는 애매한 표현입니다. 이런 표현을 쓰면 상대방은 의미를 파악하기 어렵습니다. 「サイズは(사이즈는)」라고만 해도 OK!

「そのような商品は扱わせていただいておりません」
너무 정중하게 말하려고 한 나머지, 혀가 꼬이는 것 같은 이중 경어가 되어 버렸네요. 「扱っておりません(취급하지 않습니다)」이라고만 해도 OK!

「店長はいらっしゃいません」
자신의 가게(회사) 사람에게는 경어를 사용하지 않습니다. 「店長はおりません(점장님은 없습니다)」이 정답입니다.

잔돈이 없을 때

「○○円、ちょうど頂戴いたします」
○○ 엔, 정확히 받았습니다.

잔돈이 있을 때

「○○円、お預かりいたします。○○円のお返しでございます。お確かめください」
○○ 엔 받았습니다. ○○ 엔 잔돈 여기 있습니다. 확인해 보십시오.

카드 결제일 때

「恐れ入りますが、こちらにサインをお願いできますでしょうか？ こちらがお客さまの控えでございます」
죄송합니다만, 이쪽에 사인 부탁합니다. 이것이 손님 영수증입니다.

「またどうぞお越しくださいませ」
또 찾아 주십시오.

「領収書（レシート）はご入用ですか？ おあて名はどのようにお書きすればよろしいでしょうか？」
영수증은 필요하십니까? 성함은 어떻게 적어 드릴까요?

마지막은 물론 이 한마디로!

「ありがとうございました」 감사합니다.

「お会計のほう、させていただきます」
「〜ほう」는 「お体からだのほう、いかがですか？（몸 상태는 어떠세요?)」 등 부드럽게 돌려 말할 때 쓰이는 표현입니다. 「お会計させていただきます(계산해 드리겠습니다)」라고 말합시다.

「ごめんなさい」
이것은 친구 사이에서 쓰이는 말. 비즈니스 회화에서는 「申しわけありません(죄송합니다)」이라고 말해야 합니다.

「○○円になります」
「なります(됩니다)」는 시간의 경과나 상태가 변하는 것을 의미하는 말입니다. 여기서는 「〜です(〜입니다)」가 맞습니다.

「○○円からお預かりします」
「から」는 방향을 나타내는 표현이므로, 이 경우에는 필요가 없답니다.

●접객은 【아(あ)・이(い)・우(う)・에(え)・오(お)】의 법칙으로

카페는 자신만의 시간을 가질 수 있는 곳. 찾아오는 사람 모두가 기분 좋게 지내야 하므로, 접객은 정중하게 해야 합니다. 「あ・い・う・え・お」로 시작하는 5개의 키워드를 중심으로 밝게 손님을 맞이합시다.

あ 明るく 밝고
　 元気よく 기운차게

「明るく」는 접객의 기본입니다. 모든 손님에게 밝은 얼굴로 대합시다.

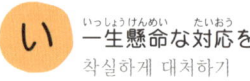

い 一生懸命な対応を
　 착실하게 대처하기

실수했을 때는 바로 사과하고 대처합시다. 열심히 노력하는 모습이 전해진다면 분명 상대방도 이해해줄 것입니다.

う 上をむいて、 긍정적인 마인드로
 え 笑顔で 웃는 얼굴로

お 大きな声で 큰 목소리로

「これ来週から発売のメニュー？」
이거 다음 주부터 판매하는 신 메뉴야?

「うるさいけど、お客さんだから注意しにくいね」 너무 시끄러운데, 손님이라서 주의 주기가 좀 그렇네.

「今お客さんもあまりいないし、ちょっと新メニューのビラ配ってくるね」 지금 손님도 별로 없으니까, 신 메뉴 전단지 돌리고 올게.

「よし、私が言ってくるわ」 좋아, 내가 말하고 와야겠어.

「○○カフェの新メニューです。よろしければお試しください」 ○○카페의 신 메뉴입니다. 한 번 오셔서 드셔 보세요.

「お客さま、申しわけございません。店内を走られますととても危険です。お席にお座りいただけると助かりますが……」 손님, 죄송합니다. 가게 안을 뛰어 다니면 무척 위험합니다. 자리에 앉아 주시면 대단히 고맙겠습니다만……

「ありがとうございます。ご来店、お待ちしております」 감사합니다. 꼭 찾아 주세요.

「やめてください(하지 마세요)」가 아니라 「ご協力いただけると助かります(협조해 주시면 감사하겠습니다)」라고 상냥하게 말함으로써 상대방의 기분을 상하지 않게 하는 배려도 중요하답니다.

불특정 다수의 사람 앞에서 목소리를 낸다는 것은 의외로 어려운 일입니다. 조금은 너무 크지 않나 싶을 정도의 목소리로 의욕을 보여 줍시다.

● **부탁하기** 어떤 부탁이라도 우선 상대방을 배려하는 말부터 먼저 할 것. 그 다음에 용건을 간결하게 말한 뒤, 마지막으로 감사의 말을 잊지 말고 합시다.

「午後ならいいよ」
오후라면 괜찮아.

大変申しわけないのですが、見積もりのデータの確認をお願いしたいと思います。20分ほどお時間をいただけますでしょうか？
정말 죄송합니다만, 견적 데이터 확인을 부탁하고 싶은데요. 20분 정도 시간 내주실 수 있으세요?

NG
「お願いしたいことがあるので、少し時間いただけますか？」
부탁하고 싶은 게 있는데, 잠시 시간 괜찮으세요?

상대가 대답하기 쉽도록 테마와 시간 등 구체적인 데이터를 말하는 것이 중요합니다.

新しい植木鉢のサンプルを見せていただきたいのですが、こちらにいらっしゃる予定はありますか？
새로운 화분 샘플을 보여 주셨으면 좋겠는데요, 이쪽에 오실 예정이 있으신가요?

「じゃあ、明日寄りますよ」
그럼, 내일 들르지요.

NG
「植木鉢のサンプルをいくつか届けてください」
화분 샘플 몇 개 좀 가져다 주세요.

「こちらに来るついで(이쪽으로 오시는 김에)」라는 뉘앙스로 이야기해서 상대방이 부담을 느끼지 않도록 배려합시다. 「届けてください(배달해 주세요/가져다 주세요)」라고 하면 조금 위압적인 느낌이 드니까, 조심하세요!

「これからすぐうかがいます」
지금 금방 갈게요.

ご注文のワンピースが入荷いたしましたので、こちらにおいでいただけますか？
주문하신 원피스가 들어왔는데, 오실 수 있으세요?

NG
「注文の品が入荷しましたので、取りに来てください」
주문한 물건이 들어왔으니, 가지러 와 주세요.

상대방은 자신이 주문한 상품을 기다리고 있을 테니, 곧바로 용건만 말하는 것이 포인트입니다. 이때 어미는 「～いただけますか？」라고 공손하게 말해야 한다는 것, 기억하세요!

> お忙しいところ悪いのですが、新しいメニューのチラシを印刷屋さんに取りに行ってもらえますか？

바쁜 중에 미안한데, 인쇄소에 신 메뉴 전단지 좀 가지러 갔다 와 줄래요?

NG
「悪いけど、新しいメニューのチラシ、取りに行ってもらえる？」
미안한데, 신 메뉴 전단지 좀 가지고 와 줄래?

동료에게 하는 말이라도 직장에서는 경어를 쓰도록 할 것. 단, 너무 정중하게 말하면 어색한 느낌이 들 수 있으니까 주의합시다.

「あ、いいですよ」
아, 좋아요.

「桃井さんがよければ、いいですよ」
모모이 씨만 괜찮다면, 좋아요.

NG
「来週のシフト、秋永さんに代わってほしいと思うんですが」
다음 주 근무 시간을 아키나가 씨가 바꿔 줬으면 하는데요.

말하기 전에 「勝手に言って申しわけありませんが(이런 말 해서 죄송합니다만)」나「私の都合で恐縮ですが(제 사정 때문에 죄송합니다만)」등을 덧붙이면 보다 정중한 표현이 된답니다.

> 来週のシフトを秋永さんに代わっていただきたいのですが、よろしいでしょうか？

다음 주 근무 시간을 아키나가 씨와 바꾸고 싶은데, 괜찮겠어요?

> お忙しいところ申しわけありません。来週のペットフェアの企画を考えてみたんですが、ちょっと見ていただけますか？

바쁘신 중에 죄송합니다. 다음 주 애완동물 페어 기획을 생각해 봤는데요, 잠시 봐 주시겠어요?

NG
「これ、来週のペットフェアの企画なんですが、見てもらえますか？」
이거, 다음 주 애완동물 페어 기획 안인데, 봐 주시겠습니까?

「お忙しいところ〜(바쁘신데〜)」라고 먼저 말하는 것은 물론, 상대방에게 시간이 있는지 없는지를 먼저 확인하고 나서 용건을 전하는 것이 매너입니다.

「どれどれ」어디 보자.

● 고객 불만 처리하기 ①

「注文したのと違った花が来たわよ」
주문한 것과 다른 꽃이 왔어요.

비록 상대방의 착각일 가능성이 있다 하더라도 부정은 금물입니다. 제일 먼저 사죄의 말을 한 뒤, 우선 조사해 보겠다는 자세를 보이는 것이 무엇보다 중요합니다.

OK
「申しわけございません。すぐに確認して、折り返しご連絡いたします」
죄송합니다. 바로 확인한 다음, 이쪽에서 다시 연락 드리겠습니다.

NG
「そんなはずはないんですが……」
그럴 리가 없는데요…….

OK
「ご迷惑をおかけして申しわけありません。私ではわかりかねますので、担当のものに代わらせていただきます」
폐를 끼쳐서 대단히 죄송합니다. 제가 잘 모르는 사항이오니, 담당자를 바꿔 드리겠습니다.

NG
「その件に関しては、ここではちょっとわからないのですが」
그 건에 대해서는 저는 잘 모르겠는데요.

자신의 문제가 아니더라도 그 직장의 대표로서 우선 사과할 필요가 있습니다. 그 다음에 담당자로 돌리겠다는 내용을 전하도록 합시다.

「伝票の数字が間違ってるよ」
전표 숫자가 틀렸는데요.

OK
「大変失礼いたしました。すぐお取り替えいたします」
정말 죄송합니다. 곧 바꿔 드리겠습니다.

NG
「わかりました。取り替えます」
알겠습니다. 바꿔 드리겠습니다.

간단히 대응할 수 있는 실수라면 금방 그 자리에서 대처하도록 합시다. 그러나 바로 대처하기만 한다고 모든 게 OK는 아닙니다. 정중한 사과의 말을 잊지 않도록 합시다.

「このコーヒー、冷めてるわよ」
이 커피 식었잖아요.

● 고객 불만 처리하기 ②

「昨日買った冷蔵庫、もうこわれたぞ。お宅の商品管理に不備があるんじゃないか？」
어제 산 냉장고가 벌써 고장 났잖아요. 상품관리에 문제가 있었던 것 아닌가요?

OK
「お客さまのおっしゃることはごもっともでございます。すぐに取り替えいたしますが、今後このようなことのないよう、厳重に注意いたします。このたびは貴重なご意見をありがとうございました」
고객님께서 말씀하신 내용이 맞습니다. 바로 교환해 드리겠습니다. 그리고 앞으로 이런 일이 없도록 엄중히 주의하겠습니다. 이번에 귀중한 의견 주셔서 감사드립니다.

이쪽에 잘못이 있을 경우에는 상대방이 납득할 때까지 사과해야 합니다. 또한 앞으로의 대처 방법과 감사의 말로 끝맺으면 상대방에게도 성의가 잘 전달될 것입니다.

NG
「こちらに持ってきていただければ、すぐ取り替えますが」
이쪽으로 가지고 오시면, 바로 교환해 드리겠습니다만.

「この間買ったペットフード、うちのワンちゃんが食べてくれないのよ。このままじゃ栄養失調になっちゃうわ。どうすればいいの？」
얼마 전에 산 애완동물 사료, 우리 집 강아지가 먹질 않아요. 이대로 가다간 영양실조에 걸릴 것 같은데요. 어떻게 하면 좋죠?

OK
「恐れ入りますが、商品に関してどういった点がお困りか、詳しくお聞かせいただけますか？」
죄송합니다만, 상품에 관해 어떤 점이 불편하신지 좀 더 상세히 말씀해 주시지 않겠습니까?

NG
「おなか、すいてないんじゃないでしょうか？」 배가 안 고픈 게 아닐까요?

상대방이 말도 안 되는 불만을 토로하는 경우에는 그 내용을 정확히 확인합시다. 상황을 모르는 채로 애매한 대응만 하고 있으면, 오히려 상대방의 분노가 더욱 거세질 우려도 있기 때문입니다.

고객 불만 대응의 5대 경어

「申しわけございません」
죄송합니다.

「ご迷惑をおかけして申しわけございません」
폐를 끼쳐서 죄송합니다.
우선은 사죄의 말을 바로 합시다.

「おっしゃるとおりです」
지당하신 말씀입니다.
상대방의 분노를 진정시키기 위해서는 때때로 이쪽에 잘못이 있다는 의미의 맞장구를 칩니다.

「ご指摘ありがとうございました」 지적해 주셔서 고맙습니다.

「今後このようなことがないよう善処してまいります」
앞으로 이런 일이 없도록 노력해 나가겠습니다.

마지막으로 이 한마디를 덧붙이면, 상대방은 자신의 불만 제기가 도움이 되었다는 사실을 알게 되어 안심하고 대화를 끝낼 수 있을 것입니다.

● 고객에게 묻기 「○○はいかがですか？(○○는 어떠십니까?)」, 이 한마디에는 상대방에 대한 배려가 담겨 있습니다. 이런 배려에 대한 경어는 항상 기억해 두면 좋겠죠.

사이즈 묻기

お客さま、サイズはいかがですか？
손님, 사이즈는 어떠세요?

NG
「どうですか？」 어떠세요?

단순히 「どうですか？」라고만 물으면 상대방은 대답하기 곤란해집니다. 「サイズは〜？(사이즈는〜?)」 또는 「丈の長さは〜？(기장은〜?)」 등, 상대방이 대답하기 쉽도록 주어를 명확하게 합시다.

何か不都合はございましたでしょうか？
뭐 불편하신 점이라도 있으셨습니까？

이유 묻기

「これを返品したいんだけど……」
이걸 반품하고 싶은데요…….

NG
「それはちょっと困ります」
그건 좀 곤란합니다.

이유를 모르는 단계에서 안 된다는 말부터 하는 것은 상대방에 대한 실례입니다. 아직 어느 쪽에 잘못이 있는지도 모르는 단계에서는 「不都合はございましたか？(불편한 점이라도 있으셨습니까?)」라는 말로, 우선 상대방이 원하는 것이 무엇인지 확인하는 것이 중요합니다.

「そっちが悪いんでしょ」
그쪽이 잘못했잖아요.

원인 묻기

お客さま、どうかなさいましたか？
손님, 무슨 일이십니까?

NG
「すいません、やめてもらえますか？」
죄송합니다, 그만 하시겠습니까?

바로 그만두길 바라는 상황에서도 「やめてください(하지 마세요)」라고 직접적으로 말해 버리면 상대방의 분노를 더욱 부채질할 우려가 있습니다. 우선 그 원인부터 묻게 되면 화가 난 사람의 기분을 진정시키는 효과가 생길 수 있답니다.

몸 상태 묻기

「店長、おかげんはいかがですか？」
점장님, 몸 상태는 어떠세요?

「ありがとう、だいぶよくなったわ」
고마워, 많이 괜찮아졌어.

NG
「風邪、まだひどいですか？」
감기, 아직도 심하세요?

몸 상태가 안 좋아서 쉬고 있는 상대방에게는 몸 상태를 배려하는 한마디가 중요합니다. 그러나 회복을 재촉하는 듯한 말은 금물입니다. 「こちらは心配(しんぱい)ありません(여기는 걱정하지 마세요)」이라는 한마디를 덧붙임으로써 상대방을 안심시켜 줍시다.

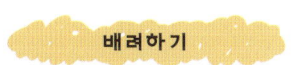
배려하기

「何かお困りでいらっしゃいますか？」
무슨 일 있으세요?

「あの……、トイレは……」
저기……, 화장실은…….

NG
「どうしました？」 왜 그러세요?

하고 싶은 말이 있는데, 어려워서 말을 꺼내지 못하고 있는 경우도 있을 수 있습니다. 상대방이 곤란해하고 있는 모습을 보게 되면, 자연스럽게 말을 거는 자세도 필요하답니다.

2W1H로 묻기

When
상대방에 따라서는 누가 말 거는 것을 부담스러워할 수도 있습니다. 지금 상대방이 어떤 상황인지를 잘 파악하는 것이 중요합니다.

What
상대방에게 무엇을 물어볼 것인지, 그것을 스스로 확실하게 정리해 둡시다. 엉뚱한 질문을 받으면 상대방은 곤혹스러울 뿐입니다.

How
밝게 말을 걸 것인지, 아니면 심각한 표정으로 물어볼 것인지, 상대방의 상황에 맞춰 행동해야 한다는 것을 잊지 맙시다.

「今日は大事な会議の日、しっかりアシストしなくちゃ!!」
오늘은 중요한 회의가 있는 날. 잘하자, 아자!

●확인하기

일을 제대로 해 나가기 위해서 '확인'은 필수적입니다. 게다가 회의처럼 많은 사람들이 모이는 경우는 더욱더 그렇습니다. 중요한 회의가 있는 하루를 한번 살펴 볼까요?

10:00

「お世話になっております。杉山さまでいらっしゃいますか？本日16時にお待ちしております」
늘 신세 지고 있습니다. 스기야마 씨 계신가요? 오늘 오후 4시에 기다리고 있겠습니다.

거래처 회사의 출근 시간에 맞춰 약속을 재확인합니다.

11:00

「白井課長、会議の資料はこちらでよろしいでしょうか？」
시라이 과장님, 회의 자료는 이걸로 되겠습니까?

「ああ、それに最新のデータを加えてくれ」
아, 거기에 최신 데이터를 추가해 주게.

부탁 받은 일이 완성되면, 반드시 보고 및 확인을 부탁합니다.

「ご苦労さま。じゃあ10部ほどコピーしてくれるかな」
수고했어. 그럼, 10부 정도 복사해 주겠나?

13:00

「先ほどの資料にご指示いただいたデータを加えましたので、確認していただけますか？」
조금 전 자료에 지시하신 데이터를 추가했습니다. 확인해 주시겠습니까?

13:30

「10部コピーいたしました。念のため目を通していただけますか？」
10부 복사했습니다. 만약을 위해 한 번 봐 주시겠습니까?

추가로 일을 받았을 때는 그때마다 확인 받는 것이 중요합니다. 정중한 보고와 확인만이 실수를 방지합니다.

OX 회사에서 의욕 가득한

17:00

お疲（つか）れさまでした。
何（なに）かお手伝（てつだ）いすることは
ございますか？
수고하셨습니다.
뭐 도와 드릴 일은 없을까요?

회의가 끝난 뒤에는 수고하셨다는 말을 잊지 않도록 합시다. 또한, 언제든지 도울 수 있다는 자세도 함께 보여 줍시다.

16:00

先日（せんじつ）お送（おく）りした資料（しりょう）は
お手元（てもと）にございますでしょうか？
오늘 보내 드린 자료는 갖고 계신가요?

사전에 이쪽에서 보낸 자료가 있으면, 그것을 상대방이 갖고 있는지 최종 확인합니다.

보내는 하루

15:55

お茶（ちゃ）は温（あたた）かいものと
冷（つめ）たいもの、
どちらがよろしいですか？
차는 따뜻한 것과 차가운 것 중, 어느 쪽으로 하시겠습니까？

음료의 취향은 사람마다 다릅니다. 보다 정중한 접대를 위해서는 반드시 확인하도록 합시다.

15:50

「お待（ま）ちしておりました」의 한마디로 사내 연락이 제대로 이루어져 있다는 인상을 주게 됩니다.

お世話（せわ）になっております。
杉山（すぎやま）さまでいらっしゃいますね。
お待（ま）ちしておりました。
늘 신세 지고 있습니다. 스기야마 씨 되시죠? 기다리고 있었습니다.

● 상담하기

이 한마디를 잊지 말 것!
「お仕事中、
失礼いたします」
일하는 중에 실례합니다.

「最近、白鳥さんとうまくいかない
なぁ。店長に話してみようかな」
요즘 시라토리 씨랑 사이가 좀 안 좋은
데, 점장님께 얘기해 볼까.

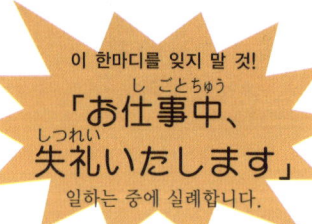

「少しお時間をいただきたい
のですが、よろしいでしょ
うか？」
시간을 좀 내주셨으면 하는데요,
괜찮으세요?

「お忙しいところ申しわけあ
りませんが、今、お時間を
いただくことは可能でしょ
うか？」
바쁘신데 죄송합니다만, 지금 시
간 좀 내주실 수 있으세요?

「お忙しい中、申しわけあり
ませんが、１０分ほどお時間
をいただくことはできます
でしょうか？」
바쁘신 중에 죄송합니다만, 10분
정도 시간을 내주실 수 있으세요?

「え、どうしたの？」
어, 무슨 일이야?

「ご相談したいことがあるの
ですが、ご都合のよろしい
日時はございますか？」
상담드리고 싶은 게 있는데요, 괜
찮은 날짜와 시간은 언제가 좋으
세요?

상담의 마음가짐

반드시 상대방의 상황을 물어볼 것. 그때 '10분 정도'와 같은 구체적인 숫자를
제시하면서 부탁하면, 상대방도 마음의 준비를 하기 쉬워집니다.

❶ 상대가 바쁘다

「忙しくて時間がないわ」
바빠서 시간이 없네.

OK

「では、お仕事が一段落されたら、お声をかけていただけますでしょうか？」 그럼, 일단 일이 끝나면 말씀해 주시겠습니까?

「いつ頃でしたら、お時間いただけますでしょうか？」
언제쯤 시간이 괜찮으시겠어요?

NG

「わかりました。じゃあ、またいつかお願いします」
알겠습니다. 그럼, 다음에 부탁합니다.

상대방의 일을 방해해서는 안 됩니다. 어디까지나 부탁하는 입장이므로, 무엇보다 상대방의 상황을 우선합시다.

❷ 그 자리에서 이야기가 시작된다

OK

「お忙しいところ、ありがとうございます。では、手短にすませますので。実は店内の人間関係で悩んでいることがありまして……」
바쁘신데 감사합니다. 그럼, 간단하게 말씀 드리겠습니다. 사실 요즘 가게에서 인간관계 때문에 고민이 생겨서요…….

「じゃあ今、話してくれる？」
그럼, 지금 얘기해 줄래?

NG

「ありがとうございます。実は、白鳥さんとこんなことがありまして。白鳥さんは私のやり方が間違っているのではと言うんですが、私はそう思わなくて……」
고맙습니다. 사실은 시라토리 씨랑 이런 일이 있었어요. 시라토리 씨는 제 방식이 틀렸다고 말하는데, 저는 그렇게 생각 안 하거든요…….(라고 계속 이야기한다)

서두가 길어지거나, 상황만을 끝없이 계속 설명하는 것은 좋지 않습니다. 우선 결론을 이야기하고 그 다음에 그렇게 된 이유, 현재의 상황을 간결하게 설명합니다.

사후 보고를 잊지 말 것! 이야기의 끝에 감사의 뜻을 전하는 것은 당연하지만, 그 후 상담한 일이 해결되었다면 그러한 사실을 보고하는 것도 매너입니다.

OK

「先日ご相談した件ですが、無事解決いたしました。店長の的確なアドバイスのおかげです。本当にありがとうございました」
지난번 상담 드린 건이요, 무사히 해결되었습니다. 점장님의 적절한 충고 덕분입니다. 정말 감사드립니다.

「先日はお忙しい中、お時間をいただきありがとうございました。その後、白鳥さんと話し合った結果、お互いの誤解も解け、納得もしていただけました」
지난번에는 바쁘신 중에 시간 내주셔서 감사합니다. 그 뒤로 시라토리 씨와 얘기해서 서로 오해도 풀고 이해하게 되었습니다.

NG

「この間はありがとうございました。あとは自分でなんとかします」
지난번에는 고마웠습니다. 이제는 제가 알아서 할게요.

이것은 사후 보고라고 할 수 없습니다. 무엇보다 「自分でなんとかする(내가 어떻게든 하겠다)」라고 한다면 상대방에게 처음부터 상담할 필요가 없었던 것 아닌가 하는 생각을 들게 할 수도 있습니다. 상담의 결과, 문제가 해결되었다 혹은 조금 나아졌다 등, 그 성과를 전하는 것이 상대방에 대한 예의랍니다.

● 거절하기

확실히 거절하기

갑자기 야근을
부탁받았을 때

「今日、1時間ぐらい残ってほしいんだけど」
오늘, 1시간 정도 남아 주었으면 하는데.

↓

「本日はどうしてもはずせない用事が入っておりまして。お役に立てず申しわけありません」
오늘은 도저히 뺄 수 없는 일이 있어서요. 도움이 못 되어서 죄송합니다.

어쩔 수 없이 일을 거절할 때는 사과의 말을 잊지 말고 합시다.

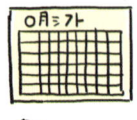

일을 부탁받았을 때

「あさってのシフト、代わってもらえないかしら？」
내일 모레 근무 시간, 대신해 주지 않을래?

↓

「あいにくですが、その日は店長と打ち合わせに出る予定になっておりまして。お引き受けすることができず、申しわけありません」
공교롭게도 그날은 점장님과 회의 일정이 잡혀 있어서요. 부탁을 들어 드리지 못해서 죄송합니다.

거절하는 이유가 자신의 마음과는 다르다는 것을 알리는 것도 상대방을 불쾌하지 않게 만드는 방법입니다.

식사에 초대받았을 때

「今夜、食事でもどう？」
오늘 밤, 식사라도 어때?

↓

「ありがとうございます。でも、本日は少し体調をくずしておりますので、ご一緒できそうにありません。また機会がありましたら、お声をかけていただけますか？」
고맙습니다. 그런데, 몸 상태가 좀 안 좋아서 함께 갈 수 없을 것 같습니다. 다음 번에 또 기회가 있으면, 초대해 주시겠습니까?

상대가 거절당했다는 기분이 들지 않도록 마지막 한마디도 잊지 말고 덧붙이는 배려가 필요하겠죠.

회사 이벤트에
초청받았을 때

「今週末、テニスの試合があるんだけど、よかったら来ない？」
이번 주말에 테니스 시합이 있는데, 괜찮으면 올래?

↓

「せっかくのお誘いいただいたのに残念ですが、その日は親類の法事があるので、参加できません。みなさんによろしくお伝えください」
모처럼 초청해 주셨는데, 안타깝게도 그날은 친척 제사가 있어서 참가할 수가 없겠네요. 다른 분들에게 말씀 좀 잘해 주세요.

「残念ですが」라는 한마디를 덧붙이면 상대방도 찜찜해하지 않고 대화를 끝낼 수 있겠죠.

자연스럽게 피해가기

돈 꿔달라는 부탁을 받을 때

「悪いけど、5000円貸してくれる？」
미안한데, 오천 엔만 빌려 줄래?

⬇

「さっきスポーツジムの会費を振り込んだばかりで、持ち合わせがないのですが……」
조금 전에 헬스클럽 회비를 막 낸 뒤라서, 갖고 있는 돈이 없는데요…….

자신도 가지고 있는 것이 없다는 사실을 알리는 것이 돈을 빌려달라는 부탁을 거절할 때의 원칙이랍니다.

데이트 신청을 받았을 때

「今週末のコンサートの券があるんだけど、一緒に行きませんか？」
이번 주말에 하는 콘서트 티켓이 있는데, 함께 가지 않을래요?

⬇

「今のところ大丈夫ですが、もしかしたら、親類の還暦の祝いに行くかもしれないのです。それでもよろしければ」
지금은 괜찮은데요, 어쩌면 주말에 친척 환갑 잔치가 있을지도 몰라요. 그래도 괜찮으시다면요.

얼버무리는 말투로 거절의 뜻을 전합시다. 그러나 너무 자주 사용하면 자칫 약속을 지키지 못하는 사람으로 여겨질 수 있으니, 주의하세요!

술자리에 초대받았을 때

「久々にカラオケでもどう？」
오랜만에 노래방 어때?

⬇

「ありがとうございます。では、企画部のみんなにも声かけてみますね」
감사합니다. 그럼, 기획부 사람들에게도 말해 볼게요.

단 둘이 있고 싶지 않은 상대라면, 이런 방법도 나쁘지 않겠죠.

무리한 일을 부탁받았을 때

「この企画書、代わりにお願いできる？」
이 기획서, 내 대신에 부탁 좀 해도 될까?

⬇

「その仕事は、私では力不足のような気がします。お引き受けして逆に迷惑をかけては申しわけないので、他のことでお役に立てることはありませんか？」
그 일은 제가 하기엔 역부족인 것 같습니다. 괜히 제가 맡았다가 되려 폐를 끼치게 되면 죄송하니까, 제가 도와 드릴 다른 일은 없을까요?

이럴 때는 대체안을 제시하여 부드럽게 거절의 뜻을 전합시다.

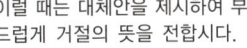

● 쿠션 언어

말투가 거칠다는 말을 듣는 사람의 경우, 이야기를 꺼내는 방법에 문제가 있는 경우가 많습니다. 갑자기 본론부터 이야기를 시작하면, 조금 공격적인 인상을 주게 됩니다. 자신의 의견을 부드럽게 전달하기 위한 중요한 포인트, 그것은 '쿠션 언어'를 쓰는 것입니다. 본론을 꺼내기 전, 서두에 한마디만 하면 상대방에게 전해지는 인상은 몇 배나 부드러워질 것입니다.

失礼ですが 실례입니다만

「失礼ですが、どちらさまで
いらっしゃいますか？」
실례입니다만, 누구십니까?

恐れ入りますが 죄송합니다만

「恐れ入りますが、こちらで
お待ちいただけますでしょ
うか？」
죄송합니다만, 여기서 기다려 주시겠습니까?

よろしければ 괜찮으시다면

「よろしければ、お手伝い
いたしましょうか？」
괜찮으시다면, 도와 드릴까요?

差し支えなければ 괜찮으시다면

「差し支えなければ、こちら
にお名前をご記入いただけ
ますでしょうか？」
괜찮으시다면, 여기에 이름을 기입해 주시겠습니까?

お手数をおかけしますが
번거로우시겠지만

「お手数をおかけしますが、
どうぞよろしくお願いいたし
ます」
번거로우시겠지만, 모쪼록 잘 부탁하겠습니다.

恐縮でございますが
죄송합니다만

「恐縮でございますが、日程を変更していただけませんでしょうか？」
죄송합니다만, 일정을 변경해 주시지 않으시겠습니까?

せっかくですが
모처럼입니다만

「せっかくですが、その日は予定がありましてご一緒できないのですが」
모처럼입니다만, 그날은 예정이 있어 함께 할 수 없습니다만.

思い違いかもしれませんが
제 착각일지도 모릅니다만

「私の思い違いかもしれませんが、この計算は合ってないような気がします」
제 착각일지도 모릅니다만, 이 계산은 안 맞는 것 같습니다.

あいにくですが 공교롭게도

「あいにくですが、父は留守しております」
공교롭게도 아버지는 집에 안 계십니다.

●감사의 말을 들었을 때

감사의 인사를 받았을 때, 너무 겸손하게 말하다 못해 「いえ、いえ(아니, 아니예요)」라고 부정하는 말을 해버리는 경우가 많습니다. 얼핏 적절한 대답인 것 같지만, 상대방의 말을 부정하고 있다고 받아들여질 수도 있습니다. 이때는 있는 그대로 「ありがとう(고마워요)」의 마음을 받아들이는 것이 예의랍니다.

솔직하게 기쁨을 표현

파견 나간 직장에서

「さっきもらったデータ、よくまとまっていたよ。ご苦労さま」
아까 받은 데이터, 정리 잘됐던데. 수고했어.

NG

「いえ、そんな大したことないです」
아니요, 그렇게 대단한 건 아니예요.

나에게 있는 '능력과 의지'도 소극적인 대답을 해 버리면 전해지지 않습니다. 게다가 「大したことない(대단한 것이 아니다)」라고 말해 버리면 조금 오만하게 들릴 수도 있으니 주의합시다.

OK

「ありがとうございます。お役に立てて何よりです」
감사합니다. 도움이 되었다니 기쁩니다.

우선은 「ありがとうございます」라는 한마디를 전합시다. '도움이 되어서 기쁘다'라는 의미의 말을 덧붙이면 상대방도 일을 부탁한 것에 대한 부담감을 느끼지 않게 될 것입니다.

상대를 치켜세우다

꽃집에서

「この間のフラワーレンジ、素敵だったわ」
지난번 꽃 장식, 멋졌어.

NG

「いえ……、それほどでも……」
아뇨……, 그 정도는…….

확실하지 않은 대답은 상대방을 초조하게 만듭니다. 뭐라고 대답해야 좋을지 모를 때에는 그냥 「ありがとうございます」라고 인사합시다.

OK

「赤井さんに そう言っていただけると、とても嬉しいです」
아카이 씨가 그렇게 말씀해 주시니, 너무나 기뻐요.

「○○さんに言われて嬉しい」라고 이름을 지명해서 말하면 듣는 사람은 기분이 좋아집니다. 상대방은 '칭찬한 보람이 있네'라고 생각할 것입니다.

상대방을 칭찬하기

카페에서

「このコーヒー、おいしい。上手に煎れたじゃない」
이 커피, 맛있네. 잘 만들었어.

NG

「いや、そんなことないですよ」
아니요, 그렇지 않아요.

겸손하게 말하려는 의도였더라도 이렇게 대답해 버리면, 모처럼 칭찬해 준 상대방을 부정하는 셈이 되니까 주의하세요.

OK

「ありがとうございます。青森さんに教えていただいたおかげです」
감사합니다.
아오모리 씨가 가르쳐 주신 덕분이에요.

칭찬해 준 사람을 치켜 세우는 의미에서라도 상대방을 되려 칭찬할 필요가 있습니다. 그 외에 「○○さんにそう言っていただくと、自信がつきます(○○ 씨가 그렇게 말씀해 주시니, 자신감이 생기네요)」 등의 표현도 있습니다.

의욕을 전달한다

애완동물 가게에서

「犬の扱い方、上手になったね。助かるわ」
개를 다루는 솜씨가 능숙해졌네. 도움이 되는데.

NG

「まだまだダメです……」
아직 멀었어요…….

겸손한 말투라고 해도 이렇게 말하면 소극적인 사람으로 받아들여질 수도 있답니다. 이러면 상대방도 안심하고 일을 맡길 수 없을지도 모릅니다.

OK

「これからもお役に立てるようがんばります」
앞으로도 도움이 될 수 있도록 노력하겠습니다.

이렇게 말하면 상대방의 기대치는 분명 높아지겠죠. 적극적인 한마디로 일에 대한 의욕을 전달합시다.

●기분 좋은 대답

누군가가 불렀을 때 당신은 어떻게 대답하고 있나요? 언제나 아무 생각 없이 하는 대답이지만, 사실은 그 대답이 당신의 첫인상을 결정짓는 중요한 한마디랍니다.

「桃井さ〜ん」 모모이 씨~.

はい！
(큰 목소리로) 네!

はい、ただ今まいります
네, 지금 갑니다.

はーい
네ー에.

あ……はい……
아……네……

なんですかー？
무슨 일이에요？

> 좋은 인상!
>
> 밝은 톤으로
> 발음은 확실하게
> 목소리가 들린 쪽으로
> 얼굴을 돌린다
> 자리에서 일어난다
> 부르면 메모장과
> 펜을 가지고 간다

「はい、なんでしょうか？」
네, 무슨 일이세요?

> 나쁜 인상!
>
> 어미를 늘린다
> 말 사이에 간격이 길다
> 무시한다

계절 경어

처음 만나는 사람일 때, 대화가 막혀 버렸을 때, 그럴 때를 위해서 몇 가지 화제를 준비해 두면 도움이 됩니다. 그 중에서도 계절을 주제로 한 문장은 누구에게나 공통된 화제이므로, 큰 도움이 될 것입니다.

「すっかり春めいてきましたね」
이제 봄이 완연해졌네요.

「そろそろ桜の季節ですね。お花見などは行かれますか？」
이제 벚꽃의 계절이네요. 벚꽃 놀이는 가십니까?

「今朝、お花屋さんの店頭で桃の花を見かけました」
오늘 아침 꽃집 앞에서 복숭아꽃을 봤어요.

「街で新入社員の姿を多く見かけるようになりましたね」
거리에서 신입사원들의 모습을 많이 보게 되었네요.

「ゴールデンウイークはお休みできそうですか？」
골든위크 때는 쉬실 수 있으시겠어요?

「緑がまぶしい季節になりましたね」
초록이 눈부신 계절이 되었네요.

「連日パッとしないお天気が続きますね。そろそろ梅雨入りするそうですよ」
연일 우중충한 날씨가 계속되네요. 이제 슬슬 장마가 시작될 거라고 해요.

「夏休みのご予定は、もうお決まりですか？」
여름휴가 계획은 정하셨어요?

「暑い日が続きますが、夏バテなどされていませんか？」
뜨거운 날이 계속되는데, 더위를 타시거나 하진 않나요?

「花火大会の季節ですが、どちらかでご覧になりましたか？」
불꽃놀이의 계절인데, 어디서 보신 적 있으신가요?

「ようやく過(す)ごしやすくなりましたね」
드디어 (날씨가) 좀 지내기 편해졌네요.

「夏(なつ)の疲(つか)れが出(で)る頃(ころ)ですので、お体(からだ)にお気(き)をつけください」
여름에 쌓인 피로가 나타나는 시기이니까, 건강에 주의하세요.

「そろそろお彼岸(ひがん)ですが、お墓(はか)まいりなどは行(い)かれます？」
이제 추분인데요, 성묘 등은 가십니까?

「秋晴(あきば)れの気持(きも)ちいいお天気(てんき)ですね」
기분 좋은 가을의 청명한 날씨네요.

「衣替(ころもが)えはもうお済(す)みですか？ 私(わたし)はそろそろしなくてはと思(おも)っています」
겨울 옷은 다 꺼내셨나요? 저는 이제 슬슬 해야겠다고 생각하고 있습니다.

「すっかり日が短くなりましたね」
확실히 낮이 짧아졌네요.

「そろそろボジョレー・ヌーボーが解禁ですが、ワインはお好きですか？」
이제 보졸레 누보가 나오겠네요. 와인은 좋아하세요?

「あちこちでクリスマスのイルミネーションを見かけますね」
여기저기서 크리스마스 조명이 많이 보이네요.

「年末は何かと気ぜわしいですね」
연말에는 왠지 좀 어수선하네요.

「お正月はどうされていましたか？」
1월 1일에는 뭐하시나요?

정중한 말씨로 호감도 상승시키기

私, 俺, 僕 나	わたくし
われわれ, 私たち 우리들	わたくしども
自分の通う学校 자신이 다니는 학교	当校
自分の会社, アルバイト先 자신의 회사, 아르바이트 하는 곳	弊社, 当社, わたくしども
取引先の会社 거래 회사	御社, 貴社
父, 母 엄마, 아빠	お父様, お母様
兄, 姉, 弟, 妹 형, 누나, 남동생, 여동생	お兄様, お姉様, 弟様, 妹様
祖父, 祖母 할아버지, 할머니	おじい様, おばあ様
息子, 娘 아들, 딸	ご子息様, お嬢様
夫, 妻 남편, 부인	ご主人様, 奥様
誰 누구	どなた
さっき 조금 전	先ほど
この前 전날	先日
○○さんですね ○○ 씨 말이군요.	○○様でいらっしゃいますね
すみませんが 미안합니다만	恐れ入りますが
〜してもいいですか 〜해도 됩니까?	〜してもよろしいでしょうか
どうですか 어떻습니까?	いかがでしょうか

제3장
적당한 말이 나오지 않을 때는 이렇게!
장면별 경어!

**일상생활에서도
말 한마디로
미인이 되자!**

●미팅(편한 자리)

마음 편하게 참가할 수 있는 가벼운 미팅 자리. 그러나 그곳에도 처음 만나는 사람들은 많습니다. 자리의 분위기에 맞는 경어를 제대로 사용할 줄 아는 여성은 분명 모두에게 좋은 인상을 줄 것입니다. 미팅 성공의 열쇠는 바로 경어에 있답니다.

1 우선은 자기 소개

「はじめまして。
桃井と申します」
처음 뵙겠습니다.
모모이라고 합니다.

3 상대방에 대해서 묻기

「私は派遣で働いていますが、山田さんはどんなお仕事をなさっているんですか？」
저는 파견 사원으로 일하고 있는데, 야마다 씨는 어떤 일을 하세요?

「週末は何をされることが多いですか？」
주말에는 주로 뭘 하세요?

2 음료나 식사 권하기

「おつぎいたしましょうか？」
따라 드릴까요?

「お取り分けいたしますね」
나눠 드릴게요.

「ビールと焼酎、どちらになさいますか？」
맥주와 소주, 뭘로 드실래요?

「このお酒、とても飲みやすくておいしいですよ」
이 술은 마시기 좋고 맛있네요.

6 말을 걸기

「小林さんはどう思われますか？」
고바야시 씨는 어떻게 생각하세요?

「そんなとき、小林さんならどうされます？」
그럴 때 고바야시 씨라면 어떻게 하시겠어요?

 데이트
신청하기

「映画はお好きですか？ よかったら今度の日曜、トム・クルーズの新作を見に行きませんか？」
영화 좋아하세요? 괜찮으시다면 이번 주 일요일, 톰 크루즈의 신작 영화 보러 안 가실래요?

「コンサートのチケットが２枚あるんですが、もし興味があればいかがですか？」
콘서트 티켓이 2장 있는데, 혹시 관심 있으시면 어떠세요?

 데이트를 승낙할 때는
적극적으로

「ありがとうございます。とても楽しみです」
감사합니다. 너무 기대되네요.

**백전백승!
인기도를 높이는
경어와 그에 따른 행동**

1. 마음에 드는 남성이 있다면, 아무리 자리가 떨어져 있어도 시선을 놓치지 않는다. 시선이 마주치면 반드시 웃는 얼굴을 보인다.
2. 조금 지루하더라도 「こんなに楽しいのは久しぶりです(이렇게 재미있는 자리는 오랜만이에요)」라고 웃는 얼굴로 말한다.
3. 너무 오버하면서 상대를 챙겨 주지 않는다.
4. 큰 접시에 조금만 남아 있는 요리는 마음에 드는 남성의 접시에 자연스럽게 덜어 준다.
5. 사소한 일에도 「ありがとう(고마워요)」를 연발한다. 이것이 거리감을 좁히는 비결!

 데이트를 거절할 때는
부드럽게

「ごめんなさい。その日は先約がありまして、ご一緒できないのです」
죄송합니다. 그날은 선약이 있어서 함께 가지 못하겠네요.

 도중에 자리를 뜰 때

「今日はこれで失礼いたします。とても楽しかったです。ありがとうございました」
오늘은 이쯤에서 실례하겠습니다. 너무 즐거웠습니다. 감사합니다.

 술을 거절할 때는

「ビールは苦手なので、カクテルをいただきます」
맥주는 잘 못 마셔서, 칵테일을 마실게요.

「ごめんなさい、明日、健康診断があるのでお酒は控えようと思ってるんです」
죄송합니다. 내일 건강검진이 있어서 술은 안 마시려고 하고 있어요.

「実は少し風邪気味なので、今日はお酒を控えようと思ってるんです」
사실은 감기 기운이 있어서 오늘은 술을 자제하려고 합니다.

「もう十分いただきましたので、私の分もお酌させてください」
전 이제 충분히 마셨으니까, 제가 따라 드릴게요.

●미팅(격식 있는 자리)

파티 형식의 미팅에서는 짧은 시간 안에 많은 사람들이 말을 걸어 옵니다. 그렇기 때문에 인상에 남는 한마디가 정말 중요합니다. 누구의 기억에도 남지 않는다면 기껏 멋 부린 것이 다 소용없겠죠?

처음 만나는 사람에게도 적극적으로

몇 개의 문장만 마스터하면 처음 만나는 사람도 두렵지 않습니다.

「はじめまして、桃井と申します。ご一緒させていただいてもよろしいですか？」
처음 뵙겠습니다, 모모이라고 합니다. 함께 이야기 좀 나눠도 괜찮을까요?

「主催者の村松さんとはどういった関係でいらっしゃいますか？」
주최자인 무라마츠 씨와는 어떤 사이세요?

「名刺を交換させていただいて、よろしいでしょうか？」
명함을 교환해도 될까요?

대화의 비결

말을 걸어 봤지만, 대화가 잘 이어지지 않는 경우가 있죠? 그런 상황을 방지하기 위해서 몇 개의 테마를 준비해 둡시다.

「週末は何をされていますか？私は最近ジョギングに凝っているんですよ」
주말에는 뭘 하셨어요? 저는 요즘 조깅에 푹 빠져 있어요.

「どんなお仕事をなさっていらっしゃいますか？」
어떤 일을 하고 계신가요?

「このお店、はじめて来たんですが、素敵ですね。阿部さんは何度かいらしたことがありますか？」
이 가게는 처음 와 봤는데, 멋지네요. 아베 씨는 몇 번 오신 적이 있으세요?

마음에 드는 사람이 있을 때

파티 시간은 정해져 있습니다. 이제는 용기를 내서 따로 만날 약속을 잡아 보는 건 어떨까요? 상대가 주저하지 않도록 「みんなで〜(모두 다 같이〜)」라고 하면서 친구들도 함께 만나자고 제안하는 것도 하나의 방법이랍니다.

「もう少しお話ししたいので、今度お食事でもいかがですか？」
얘기를 좀 더 나누고 싶은데 다음에 식사라도 같이 하는 건 어떠세요?

「友達を誘ってホームパーティーをよくやるのですが、よかったらいらっしゃいませんか？」
친구들을 불러 홈 파티를 자주 하는데, 괜찮다면 오시지 않겠어요?

귀찮은 사람한테서 멀어지고 싶을 때

말이 잘 안 통하는 사람에게서 자연스럽게 멀어지고 싶을 때 쓰이는 문장을 몇 개 기억해 두면 도움이 되겠죠.

「ごめんなさい、友人が向こうで待っているので」
죄송합니다. 친구가 저쪽에서 기다리고 있어서요.

「主催者の村松さんにあいさつをしなければいけないので、失礼します」
주최자인 무라마츠 씨에게 인사하러 가야 될 것 같아서요, 실례하겠습니다.

「新しい料理が来たみたいなので、取りに行ってきますね」
새로운 요리가 온 것 같으니, 가지러 갔다 올게요.

「ごめんなさい、お化粧室に行ってきます」
죄송합니다, 화장실에 다녀 올게요.

쓸데 없는 시간을 보내지 않기 위한 필승 경어의 기술

1. 평소 때보다 말하는 속도를 조금만 늦춰서 침착한 인상을 주도록 합니다.
2. 연락을 하고 싶은 사람에게는 휴대전화 번호와 함께 「20時ぐらいでしたら、確実につながります(저녁 8시 이후라면 언제든지 받을 수 있어요)」라고 시간대도 전합니다.
3. 도저히 휴대전화 번호를 알려 주고 싶지 않은 상대에게는 「ごめんなさい、実つは主催者が私の彼で(죄송합니다, 사실은 주최자가 제 남자친구라서)」라고 미안한 듯이 말하는 것도 하나의 방법.

송별회

송별회는 상대의 수고를 치하하는 자리입니다. 신세 졌던 일에 대한 감사의 마음을 담아 진심 어린 이별 인사를 해 봅시다. 떠나는 사람도 서운하긴 마찬가지. 「いつでも遊あそびにきてくださいね (언제든지 놀러 오세요)」라는 한마디를 잊지 않는 배려도 필요하겠죠.

기본 문형

「小川おがわさん、今いままでいろいろお世話せわになりました」
오가와 씨, 지금까지 여러 가지로 신세 많이 졌습니다.

「小川さんがいなくなると寂さびしくなります。またいつでも遊あそびにきてくださいね」
오가와 씨가 없으면 서운할 것 같아요. 또 언제든지 놀러 오세요.

「私わたしが入はいったばかりの頃ごろ、いろいろ助たすけていただいたことは、今でも忘わすれられません」
제가 신입사원 때 여러 가지로 많이 도와 주신 일은 지금도 잊지 않고 있어요.

「小川さんに仕事しごとのコツをいろいろ教おしえていただいたおかげで、私もようやくここまでこなせるようになりました」
오가와 씨에게 일에 대한 여러 노하우를 전수받은 덕분에, 저도 겨우 이렇게 일을 제대로 소화할 수 있게 되었어요.

「小川さんには、仕事以外いがいにもいろいろと相談そうだんにのっていただき、本当ほんとうに感謝かんしゃしています」
오가와 씨에게는 일 외에도 여러 가지로 상담을 받곤 해서, 진심으로 감사드리고 있습니다.

어떤 사소한 에피소드라도 상대가 기억하고 있다는 건 기쁜 일이죠. 신세를 진 일에 대한 감사의 말을 전하고, 자신에게 있어서 인상적인 추억도 함께 이야기해 봅시다.

결혼하는 사람에게는

「おめでとうございます。これから忙いそがしいでしょうけど、体からだに気きをつけてベストコンディションで式しきにのぞんでくださいね」
축하합니다. 이제부터 바빠지시겠지만, 건강 조심하시고 최강의 컨디션으로 결혼식 잘 치르길 바래요.

「本当にお世話になりました。真鍋まなべさんの花嫁姿はなよめすがた、きっと素敵すてきでしょうね。お幸しあわせに」
정말로 신세 많이 졌습니다. 마나베 씨의 웨딩드레스 입은 모습, 정말 예쁠 것 같아요. 행복하세요.

축하받을 일로 퇴직하는 상대에게 어두운 얼굴로 대하는 건 금물입니다. 아무리 서운하더라도 밝은 미소로 감사와 축하의 말을 전합시다.

출산하는 사람에게는

「いろいろお世話になりました。これから大変でしょうけど、体に気をつけて、元気な赤ちゃんを生んでくださいね」
여러 가지로 신세 많이 졌어요. 앞으로 힘들겠지만, 건강 조심하시고 건강한 아기 순산하세요.

「おめでとうございます。赤ちゃんが生まれたら、ぜひお知らせください。お祝いを持って駆けつけます」
축하합니다. 아기가 태어나면 꼭 연락 주세요. 축하 선물 들고 달려갈게요.

출산을 앞둔 사람에게는 몸 건강에 유의하라는 말을 덧붙여서 합니다. 출산은 기쁨과 동시에 약간의 불안도 따르는 것. 너무 「赤ちゃん、楽しみにしています(아기 기대되네요)」를 연발하면 상대가 부담감을 갖게 될 수도 있으니, 주의하세요.

퇴직하는 사람에게는

「流山さんは新しい職場でも、きっと頼りにされると思います。ご活躍を願っています」
나가야마 씨는 새로운 직장에서도 꼭 필요한 분이 되실 거예요. 멋진 활약하시기를 바랍니다.

「新しい職場に行っても、また気軽に遊びにきてくださいね」
새로운 직장에 가시더라도, 또 편하게 놀러 오세요.

퇴직하는 것을 공식적으로 밝히고 싶어 하지 않는 경우도 있으므로, 상대에게 정확히 확인을 하도록 합시다. 또 새로운 직장에 대해서도 이것 저것 자세히 물어보는 것도 금물입니다.

● 고급레스토랑에서 대화하기

얼핏 어려워 보이는 테이블 매너도 기본만 정확히 알아두면 문제없답니다. 잘 모르는 것에 대해서는 종업원에게 망설이지 말고 물어 보면 됩니다. 즉, 제대로 된 경어만 쓸 줄 안다면 걱정할 필요가 없다는 뜻이지요. 조금 어깨에 힘을 넣고 우아한 분위기에서 즐거운 시간을 보내 볼까요?

레스토랑에 도착

「7時に予約をお願いしました桃井と申しますが」
7시에 예약한 모모이라고 하는데요.

예약 시간은 정확히 지킬 것. 혹시 늦게 되면 「申しわけありません、10分ほど遅れてしまいますが大丈夫でしょうか?(죄송합니다, 10분 정도 늦겠는데 괜찮을까요?)」라고 반드시 미리 연락을 취하도록 합시다.

메뉴 정하기

「今日のおすすめのメニューを教えていただけますか?」
오늘의 추천 메뉴를 가르쳐 주시겠어요?

그날 들어온 음식 재료에 따라 메뉴를 결정하는 가게도 많으므로, 그날의 추천 메뉴를 물어 보는 것도 맛있는 음식을 먹을 수 있는 비결이랍니다.

「私は魚介類が好きなのですが、そういったメニューはありますか?」
저는 해산물을 좋아하는데, 그런 메뉴가 있나요?

「すみません、鶏肉がちょっと苦手なのですが」
죄송합니다, 닭고기는 별로 안 좋아하는데요.

구체적인 취향을 전달하면 레스토랑 측에서도 제안하기가 편해지겠죠. 싫어하는 것, 못 먹는 것이 있는 경우에는 정확히 말하도록 합시다.

와인 선택하기

「今日のお料理に合うワインを教えていただけますか?」
오늘의 요리에 맞는 와인을 가르쳐 주시겠어요?

「軽めでフルーティーなワインが飲みたいのですが」
가볍고 과일향이 나는 와인을 마시고 싶은데요.

가게에 전문 소믈리에가 있을 경우에는 와인 선택을 맡기는 것도 매너랍니다.

무언가 질문을 받는다면?

店員:「お肉の焼き方はどうされますか？」
고기는 어떻게 구워 드릴까요?

「この料理に合うのは、どんな焼き方ですか？」 이 요리에 맞는 건 어떤 건가요?

잘 모르면서 주문했다가는 실패할 수도 있으니, 잘 모를 때는 다시 물어 보도록 합시다.

店員:「ソースは何になさいますか？」
소스는 무엇으로 하시겠습니까?

「どういったものがありますか？」 어떤 것이 있나요?

店員:「○○はいつお持ちしますか？」 ○○는 언제 가져다 드릴까요?

「みなさん、どうされていますか？」 다른 분들은 어떻게 하나요?

요리 재촉하기

「あまり時間がないのですが、あとどのぐらいでしょうか？」
시간이 별로 없는데요, 어느 정도 남았나요?

갑자기 「まだですか？(아직인가요？)」라고 묻지 말고, 부드럽게 돌려서 물어 봅시다. 종업원을 부를 때는 어깨 높이 정도로 손을 올려 눈을 마주쳐 표시합니다.

와인을 흘렸다!

「申しわけありません。おしぼりを貸していただけますでしょうか？」
죄송합니다. 물수건 좀 주시겠어요?

무슨 일이 생겼을 때는 곧바로 종업원을 불러 처리를 부탁합시다. 포크 등의 식기를 떨어뜨렸을 경우에도 마찬가지입니다.

계산하기

「お会計をお願いできますか？」
계산해 주시겠어요?

가게에 따라서는 계산대가 아닌 자리에서 계산을 하는 경우도 있습니다. 어떻게 할 것인지를 확인하는 의미에서라도 일단 계산을 부탁한다는 말을 하도록 합니다.

돌아갈 때의 인사

「とてもおいしかったです。どうもごちそうさまでした」
정말 맛있었어요. 잘 먹었습니다.

「またぜひ来たいと思います。今日はごちそうさまでした」
또 오고 싶네요. 오늘 잘 먹었습니다.

마지막까지 흐트러지지 않는 것이 진정한 사회인의 매너. 다소 와인에 기분 좋게 취했더라도 돌아갈 때의 인사는 잊지 않도록 합시다.

● 결혼식에서 인사하기

피로연에서는 신랑 신부의 친척을 비롯해 동석한 하객 등, 처음 보는 사람들에게도 인사를 해야 합니다. 경어를 제대로 익혀 축하한다는 마음을 전하도록 합시다.

접수(受付)

受付:「本日はご出席ありがとうございます。こちらにご記帳願えますでしょうか?」
오늘 참석해 주셔서 감사드립니다. 여기에 이름을 기입해 주시겠습니까?

「本日はおめでとうございます。お招きありがとうございます」
오늘 축하합니다. 초대해 주셔서 감사합니다.

「おめでとうございます。こちらはお祝いの気持ちです」
축하합니다. 이것은 축하의 뜻입니다.

접수처의 사람들은 신랑, 신부를 대신해서 하객을 맞이하고 있기 때문에, 친한 친구 사이라 하더라도 인사는 격식을 차려서 하는 것이 매너입니다.

대기실(控え室)

「おめでとうございます。わたくしは京子さんの職場の後輩の桃井と申します。本日はお招きいただきありがとうございます」
축하합니다. 저는 쿄코 선배님의 직장 후배 모모이라고 합니다. 오늘 초대해 주셔서 감사드립니다.

「本日はおめでとうございます。京子さんの花嫁姿を楽しみにしてまいりました」
축하합니다. 쿄코 선배님의 웨딩드레스 입은 모습을 기대하고 왔습니다.

대기실이나 로비에서 신랑, 신부의 가족을 만나면 인사만 하지 말고, 반드시 축하한다는 말을 건네도록 합시다. 처음 뵙는 경우에는 자기 소개도 잊지 마세요.

피로연(披露宴)

♥ 옆자리 사람과 이야기하기

「失礼ですが、新婦の京子さんとはどういうご関係でいらっしゃいますか?」
실례합니다만, 신부인 쿄코 씨와는 어떤 사이세요?

「私は新婦の京子さんの職場の後輩の桃井と申します」
저는 신부인 쿄코 선배님의 직장 후배 모모이라고 합니다.

「なごやかで、とても素敵な式ですね。こちらまで嬉しくなってしまいます」
조용하면서 참으로 멋진 결혼식이네요. 저까지 너무 기쁘네요.

옆자리에 앉아 있는 하객이 처음 만나는 사람이더라도 적극적으로 자기 소개를 하고 부드럽게 대화를 나눕시다. 축하하는 자리이기 때문에「今日は雨で大変でしたね(오늘 비가 와서 힘드셨죠)」또는「退屈なスピーチですね(주례가 재미없네요)」등 마이너스한 화제는 피하도록 합니다.

♥ 신랑 신부에게 인사하기

「本日はおめでとうございます。京子さん、とてもきれいですね」
오늘 축하합니다. 쿄코 선배님, 너무 예쁘세요.

「おめでとうございます。本日はお招きありがとうございます。お似合いのカップルでうらやましいです」
축하합니다. 오늘 초대해 주셔서 감사드려요. 두 분 너무 잘 어울리셔서 부럽네요.

♥ 사진 부탁하기

「申しわけありませんが、シャッターを押していただけますか?」
죄송합니다만, 셔터 좀 눌러 주시겠어요?

돌아가기(退出)

「素敵な披露宴で、私まで胸がいっぱいになってしまいました。本当におめでとうございました」
멋진 피로연에 저까지 가슴이 벅차 올랐어요. 정말로 축하합니다.

「京子さんらしい心温まる披露宴でした。どうぞいつまでもお幸せに」
쿄코 선배님다운 가슴 따뜻한 피로연이었어요. 영원히 행복하세요.

「本日はお招きいただき本当にありがとうございました。おふたりの末永いお幸せを祈っております」
오늘 초대해 주셔서 감사드립니다. 두 분 영원히 행복하시길 빌게요.

결혼식에서 사용해선 안 되는 단어

別れる (헤어지다)	離れる (떠나다)	飽きる (질리다)	再び (재차)	いろいろ (여러 가지)
切れる (끊다)	冷める (식다)	嫌う (싫어하다)	たびたび (번번이)	くれぐれも (부디)
破る (깨지다)	終わる (끝나다)	また (또)	たまたま (가끔)	とんでもない (뜻밖이다)

● 장례식에서 추모의 말 전하기

고별식에서는 유족의 슬픔을 배려하여 신중하게 해야 할 말을 선택해야 합니다. 이때 주의해야 할 것은 침착하고 낮은 톤의 목소리로 말해야 한다는 점입니다. 이런 상황에 당황하지 않기 위해서라도 장례식장에서 쓰이는 적절한 경어를 익혀 둡시다.

접수하기

「このたびはご愁傷(しゅうしょう)さまでございます」
얼마나 상심이 크시겠어요.
접수처에서는 우선 인사를 하고, 추도의 말을 전합니다.

부조 내기

「こちらをご霊前(れいぜん)にお供(そな)えください」
이것을 영전에 전해 주십시오.
「ご霊前」은 종파를 불문하고 사용할 수 있는 말. 접수처에서 이름을 기입하고 나면 「おまいりさせていただきます(다녀오겠습니다)」라는 말을 하고 나서 식장으로 들어갑니다.

유족에게 추도의 뜻 전하기

💧 **일반적인 조문**

「このたびはご愁傷さまでございます。心(こころ)からお悔(く)やみを申(もう)し上(あ)げます」
얼마나 애통하십니까? 진심으로 위로의 말씀 드립니다.

💧 **갑작스런 사망의 경우**

「突然(とつぜん)のことで、何(なん)と申し上げてよいやら。心からご冥福(めいふく)をお祈(いの)りいたします」
갑작스런 일이라 뭐라 말씀을 드려야 할지. 진심으로 고인의 명복을 빕니다.

「あまりにも突然で、まだ信(しん)じられない気持(きも)ちです。どんなにお力落(ちからお)としのことかと存(ぞん)じますが、どうかお気(き)を強(つよ)くお持(も)ちください」
너무나도 갑작스런 일이라, 아직 믿기지 않습니다. 너무나도 상심이 크시겠지만, 모쪼록 마음을 강하게 가지십시오.

💧 **고령자의 경우**

「ご長命(ちょうめい)でしたのに、とても残念(ざんねん)でございます」
장수하셨는데, 심심한 유감의 뜻을 표합니다.

💧 **긴 투병생활을 했을 경우**

「ご病気(びょうき)とはうかがっておりましたが、このようなことになろうとは、残念でなりません。どうぞお力落としのございませんように」
투병 중이시라고는 들었습니다만, 이렇게 되시다니 유감스럽네요. 너무 상심 마세요.

💧 **고인에게 신세를 졌을 경우**

「ご生前(せいぜん)はいつも大変(たいへん)お世話(せわ)になっておりました。本当(ほんとう)に残念でなりません」
생전에는 늘 신세를 많이 졌습니다. 정말 유감스럽기 그지없네요.

유족이 고인과 만날 것을 권유할 때

「おまいりさせていただきます」
그럼, 다녀오겠습니다.
「お別れさせていただきます」
이별하겠습니다.

이와 같이 인사한 뒤, 머리맡에 무릎을 꿇고 앉아 합장하고 목례합니다. 그리고 「安すらかなお顔ですね(평안해 보이시네요)」 등과 같은 인사를 유족에게 합니다.

향 피우는 방법

1. 제단 조금 앞에서 승려님과 유족에게 목례한다.
2. 제단 앞으로 가서 영정에 크게 목례한다.
3. 향을 오른손의 세 손가락(엄지, 검지, 중지)으로 잡는다.
4. 잡은 향을 눈높이로 든 다음, 향로에 꽂는다. 이 동작을 3번 반복한다. 조문객이 많을 경우에는 한 번만 해도 된다.
5. 영정을 향해 합장한다.
6. 앞을 향한 채로 뒤로 물러나 승려님, 유족에게 목례하고 자신의 자리로 돌아온다.

장례식장에서 사용해선 안 되는 말

직접적인 표현은 바꿔서 말해야 합니다.

死亡 → ご逝去(서거)
生きていらっしゃる頃 → お元気な頃(건강할 때)
ご存命中 → 生前(생전)

불행이 겹친다, 반복된다는 말과 연관된 말은 피하도록 합시다.

重ねる(겹치다)
再三(여러 번)
次々(계속해서)
追う(따르다)
幾重(겹겹)
再び(재차)

また(또)
しばしば(자주)
たびたび(번번이)
かえすがえす(되풀이하여)
くれぐれも(부디)
いよいよ(점점)

● 선배의 남자친구를 소개받을 때

직장 선배와 친해지면 이런 상황이 생길 수도 있습니다. 평소 신세를 지고 있는 선배님을 난처하게 만들지 않도록 적극적으로 대화하고 정중한 경어를 사용하도록 합시다.

일단은 인사부터

OK

「はじめまして、青森さんの職場の後輩の桃井と申します」
처음 뵙겠습니다. 아오모리 선배님의 직장 후배 모모이라고 합니다.

「青森さんから、いつもお話はうかがっていました。今日は呼んでいただいて、どうもありがとうございます」
아오모리 선배님한테 말씀 많이 들었어요. 오늘 불러 주셔서 감사합니다.

NG

「桃井です。よろしく」
모모이예요. 잘 부탁해요.

「どうも、桃井です」
안녕하세요. 모모이예요.

「青森さんがいつも自慢されているお方ですね」아오모리 선배님이 늘 자랑하던 그분이시군요.

「よろしく」나 「どうも」는 정중함이 떨어집니다. 게다가 사람은 자신이 없는 곳에서 무슨 말을 하는지 신경 쓰기 나름. 「いつも自慢されている方」라는 말은 삼가하도록 합니다.

선배를 칭찬한다

OK

「この間、私はお客さんに叱られたとき、青森さんにとりなしていただいたんです。青森さんがいらっしゃらなかったら、大変でした」
지난번 제가 손님에게 질책을 당하고 있을 때, 아오모리 선배님께서 도와 주셨어요. 아오모리 선배님께서 안 계셨더라면 정말 큰일 날 뻔했어요.

「どんなに仕事が忙しくても、青森さんがイライラされているところを見たことがありません。本当に尊敬してしまいます」아무리 일이 바빠도 아오모리 선배님이 초조해하시는 걸 본 적이 없어요. 정말로 존경하고 있답니다.

NG

「青森さんって、いつもがんばっていらっしゃいますよね」아오모리 선배님은 늘 열심히 하세요.

「青森さん、コーヒー煎れるの結構お上手ですよね」
아오모리 선배님은 커피 끓이는 거 꽤 잘하세요.

「がんばっている(열심히 하다)」는 수고를 치하하는 말. 「結構(꽤)」도 칭찬하는 말로서는 올바르지 않습니다. 또한, 너무 지나친 칭찬도 금물입니다. 진심이 아니라고 여겨질 수도 있으니, 주의하세요.

> 때로는 실수한 에피소드도

OK

「青森さんって、意外と方向オンチなんですよ」
아오모리 선배님은 의외로 길치시더라구요.

「5分遅刻しただけでも落ち込むくらいまじめな人なんですよ」
5분 지각했다고 우울해하실 정도로 모범생 같은 분이세요.

NG

「青森さん、ときどき注文間違えられるので、ヒヤッとすることが多いんですよ」
아오모리 선배님은 가끔 주문을 틀리게 받으셔서 식은땀이 날 때가 많다니까요.

「この間、棚のお皿をハデにひっくり返されたから、みんなビックリしましたよ」
얼마 전, 찬장의 그릇을 요란하게 다 뒤엎으셔서 모두 깜짝 놀랐어요.

상대가 친근감을 느낄 수 있도록 때로는 실수한 에피소드도 필요하지만, 상대가 상처받지 않을 한도의 아주 무난한 이야기만 합시다. 상대방을 궁지에 몰리게 하는 화제는 NG입니다.

> 헤어질 때도 정중하게

OK

「今日は私まで仲間に入れていただき、どうもありがとうございました」
오늘은 저까지 끼워 주셔서 감사했습니다.

「ごちそうになってしまい、申しわけありません。とてもおいしかったです。本当にありがとうございました」
이렇게 맛있는 것도 다 사 주시고 죄송합니다. 너무 맛있었습니다. 정말 고맙습니다.

NG

「ではまたお会いしましょう」 그럼, 또 만나요.

「また会いましょう」는 고맙다는 뜻이 되지 않습니다. 「失礼いたします(실례합니다)」만 이야기해도 어딘가 무뚝뚝한 느낌을 주고 맙니다. 「楽しかった(즐거웠다)」는 사실을 전하고, 그가 식사비를 냈다면 그에 대한 감사의 말도 잊지 않고 하도록 합시다.

고급 여관에 묵기

한번쯤은 묵어 보고 싶은 고급 여관. 그러나 왠지 지켜야 할 규칙과 매너가 많을 것 같아서……, 이런 생각으로 주저하고 있는 사람들이 많진 않은가요? 그러나 기본 경어만 알아 두면 조금도 겁내지 않고 편히 쉴 수 있답니다.

체크인

「予約(よやく)しました桃井(ももい)と申(もう)します。今日(きょう)からお世話(せわ)になります」
예약한 모모이라고 합니다. 오늘부터 신세 지겠습니다.

「心(こころ)づけ(팁)」에 대해서

「心づけ」란?
「心づけ」란, 여관에서 여러 가지로 시중을 들어주는 종업원에 대한 감사의 마음을 나타내는 것입니다. 요금에 서비스 요금이 포함되어 있으므로 원래는 필요 없긴 하지만, 상대의 수고에 대한 감사의 뜻으로 건네는 것이 좋습니다. 금액의 기준은 2천 엔에서 3천 엔. 작은 봉투에 넣어서 건넵니다만, 없다면 보통 봉투, 혹은 백지로 싸서 줍니다. 티슈로 싸는 것은 좋은 방법이 아닙니다.

건네는 타이밍은?
방을 안내받은 후, 仲居(なかい)さん(종업원)이 여러 가지 설명을 해 주므로, 그 설명이 끝나면 건네도록 합니다. 「よろしくお願(ねが)いします(잘 부탁합니다)」라는 한마디도 잊지 말고 건넵시다.

방에 도착

「素敵(すてき)な眺(なが)めですね」
전망이 좋네요.

「こちらのお花(はな)、とてもきれいですが、何(なん)という名前(なまえ)ですか？」
이 꽃 너무 예쁘네요. 이름이 뭐예요?

방에는 계절의 꽃이 장식되어 있거나 그 여관만의 마음 씀씀이가 담겨 있습니다. 감동을 받은 것이 있다면 솔직한 말로서 감상을 전하도록 합시다.

식사하기

「これは何というお料理ですか？」
이건 무슨 요리입니까?

「このお料理ははじめて食べましたが、とてもおいしいですね」
이 요리는 처음 먹어 보는데, 너무 맛있네요.

맛있게 먹은 다음 감상도 꼭 말하도록 합시다. 어쩔 수 없이 남겼을 때는 한마디만 더 덧붙이면 됩니다.

「とてもおいしかったのですが、食べきれずに少し残してしまいました。ごめんなさい」
너무 맛있었지만, 다 못 먹고 조금 남겼습니다. 죄송합니다.

물어보기 & 부탁하기

「この近くにある美術館へ行きたいのですが、どのように行けばよいのでしょうか？」 이 근처에 있는 미술관에 가고 싶은데요, 어떻게 가면 될까요?

「申しわけありません、帰りの電車の時刻を調べたいのですが」 죄송합니다만, 돌아오는 기차 시간을 알고 싶은데요.

「お手数ですが、駅まで行きたいので、タクシーを呼んでいただけますか？」 번거로우시겠지만, 역까지 가고 싶으니 택시를 불러 주시겠어요?

알고 싶은 것이나 부탁하고 싶은 것은 주저 말고 말합시다. 그러나 「～してください」라는 말을 쓰면 건방진 인상을 주게 되니까, 「～いただけますか？」와 같은 정중한 말투를 쓰는 것이 좋습니다.

돌아갈 때

「本当にお世話になりました。温かいおもてなしで、すっかりくつろがせていただきました」
정말로 신세 많이 졌습니다. 따뜻하게 대접해 주셔서 편안히 푹 쉴 수 있었습니다.

「とても心が安らぐ2日間でした。どうもお世話になりました」
너무나 편안한 이틀이었습니다. 신세 많이 졌습니다.

돌아갈 때는 감사의 말을 잊지 말고 합시다. 그 때는 요리나 온천, 또는 방의 전망 등 그 여관만의 장점을 말하는 것도 좋은 방법이랍니다.

● 문화 센터에서 경어 쓰기

배우는 건 즐거운 일. 그러나 요리 강좌처럼 많은 사람들과 공동작업을 할 경우에는 상대방을 불쾌하게 만들지 않기 위한 배려가 필요합니다. 너무 분위기가 딱딱해지지 않도록 작업을 더욱 원활하게 진행하기 위한 경어를 익혀 봅시다.

질문하기

申しわけありません。
今のところ、もう一度 説明
していただけますか？

죄송합니다. 지금 부분 다시 한 번 설명해 주시겠습니까?

NG
「そこ、よくわからないので、もう一度教えて
ください」

거기 잘 모르겠는데, 다시 한 번 가르쳐 주세요.

잘 모르는 부분을 다시 물어볼 때는 반드시 쿠션 언어를 함께 쓰도록 합시다.

확인하기

まずは 何から始めれば
よろしいでしょうか？

우선 어떤 것부터 시작하면 좋을까요?

NG
「これ、私がやっちゃいますね」

이거 제가 해 버릴게요.

그룹별로 작업을 할 때는 자기 멋대로 시작하면 안 됩니다. 반드시 주변 사람들에게 묻도록 합시다.

칭찬을 들으면

あら、上手じゃない
어머, 잘하시네요.

ありがとうございます。
がんばって、早く味川さんの
ようになりたいと思います
고맙습니다. 열심히 해서 빨리 아지가와 씨처럼 되고 싶어요.

NG
「そんなことないです。こんなの誰でもできますよ」
아니에요. 이런 건 누구나 할 수 있어요.

칭찬을 들으면 감사하다는 말과 함께 상대방을 칭찬하는 말을 함께 해야 상대방도 기분 좋게 작업할 수 있답니다.

부탁하기

どれどれ
어디 좀 봐요.

NG
「すいません、これ、味見してもらえますか？」
저기요, 이거 맛 좀 봐 줄래요?

부탁할 때는 상대의 이름을 불러서 정중하게 이야기합시다.

味川さん、これの味見をしていただけますか？
아지가와 씨, 이거 맛 좀 봐 주실래요?

주의를 받으면

すみません。
不慣れなもので
ご迷惑をおかけします
죄송합니다. 제가 서툴러서 폐를 끼쳤네요.

あら、火が強すぎるわよ
어머, 불이 너무 세네.

NG
「え、そうですか。じゃあ弱くします」
아, 그래요? 그럼, 줄일게요.

「すみません」이라는 한마디를 더 덧붙이면 보다 정중한 마음이 전해진답니다.

洗い物は他にありませんか？
もしあれば
遠慮なく言いつけてくださいね
설거지 거리는 또 없나요? 혹시 있으면, 주저 말고 말해 주세요.

참여하기

NG
「洗い物はここに置いておけばいいですか？」
설거지 거리는 여기에 두면 되나요?

어떤 사소한 일이라도 확인을 합시다. 그리고 적극적으로 스스로 참여하도록 합시다.

● 조금 어려운 남자 어른과 대화하기

Where

「この間のご出張はどちらに行かれたのですか？」
얼마 전에 출장은 어디로 다녀 오셨어요?

「打ち合わせにいいお店があれば教えていただけますか？」
회의하기에 좋은 가게가 있으면 가르쳐 주시겠어요?

일을 즐기는 사람에게는

일에 대한 자랑이 끊이지 않는 사람. 가만히 참고 듣고만 있다 보면 더 힘들어 집니다. 기분 좋게 얘기를 잘 이끌어낼 수 있는 질문을 해서, 조금이라도 기분 좋은 시간으로 만듭시다.

How much / How many

「いつも何時ぐらいまで残業なさっているんですか？」
늘 몇 시 정도까지 야근하세요?

「お休みは月に何日とられていらっしゃいますか？」
휴일은 한 달에 며칠이세요?

How to

「先日こんな失敗をしてしまったのですが、猿山さんならどう対処されますか？」
지난번에 이런 실수를 했는데, 사루야마 씨라면 어떻게 대처하시겠어요?

「猿山さんは、どんなとき一番達成感を感じられますか？」
사루야마 씨는 어떨 때 가장 성취감을 느끼세요?

연배가 있는 남성과 이야기하는 것은 어려운 법. 대해서 Where(장소), How much/How many 하는 것이 요령. 3H1W 를 구사한다면 분명히

미식가에게는

인생을 즐길 줄 알고, 패션과 외모에도 신경 쓰는 멋쟁이 아저씨. 일류 레스토랑도 잘 알고 있을 테니, 그 부분을 공략합시다.

Where

「最近一番お気に入りのお店はどちらですか？」
최근에 가장 마음에 드시는 가게는 어디인가요?

「行きつけのお店はどのへんにあるのですか？」
단골 가게는 어디쯤에 있어요?

How much / How many

「週に何度ぐらい外食なされるんですか？」
일주일에 몇 번 정도 외식하세요?

「どなたと行かれることが多いのですか？」
누구와 함께 가는 일이 많으세요?

How to

「おいしいお店を見つけるコツがあれば教えていただけますか？」
맛있는 가게를 발견하는 비결이 있다면 가르쳐 주시겠어요?

「お店で心地よく過ごすために気をつけていることなどありますか？」
가게에서 기분 좋게 보내기 위해 주의해야 할 점이 있나요?

골프를 좋아하는 사람에게는

스윙 동작이 조건반사로 나올 것처럼 골프를 좋아하는 분에게는 그 좋아하는 모습을 화제로 삼아 이야기를 전개해 나갑시다.

Where

「いつも行くゴルフ場は決まっているんですか？」
언제나 가는 골프장은 정해져 있으신가요?

「かなり遠くまで行かれるんですか？」
꽤 멀리까지 나가세요?

How much / How many

「いつから始められたんですか？」
언제부터 시작하셨어요?

「1ヶ月に何回ぐらい行かれるんですか？」
한 달에 몇 번 정도 가시나요?

How to

「何がきっかけで始められたんですか？」
무슨 계기로 시작하셨나요?

「ゴルフは健康にいいと聞きますが、始められてから何か変わったことなどありますか？」
골프는 건강에 좋다고 하는데, 시작하신 뒤에 뭔가 달라지신 게 있나요?

그럴 때는 상대방이 관심을 가지고 있는 사항에 〈수치〉, How to〈 수단이나 방법〉을 기초로 질문 회화에서도 매끄럽게, WIN!

Where

「最近では、どちらに行かれましたか？」
최근에는 어디에 가셨나요?

「私も旅行したいなと思っているのですが、おすすめの場所などありましたら教えていただけますか？」
저도 여행하고 싶은데요, 추천할 만한 곳이 있다면 가르쳐 주시겠어요?

여행을 좋아하는 사람에게는

독신이라면 다소 시간이 자유롭기 때문에 여행을 좋아하는 사람도 많을 터. 자신이 가 본 적 없는 곳에 대한 이야기를 듣다 보면, 시간이 금방 지나갈 수도 있겠죠.

How much / How many

「どのぐらいの割合で行かれるんですか？」
어느 정도 비율로 가십니까?

「一番遠いところで何時間ぐらいかかりましたか？」
가장 먼 곳은 몇 시간 정도 걸리셨어요?

How to

「その土地の名物を食べ歩いたりなさるんですか？」
그 지역의 명물을 드시면서 돌아다니시나요?

「旅先では、どんなふうに過ごされるんですか？」
여행 가서는 어떻게 지내세요?

◉ 미용실에서 대화하기

언제나 가까운 곳에 있는 미용실에 가곤 하지만, 한 번쯤은 유명 미용실에서 멋진 헤어스타일로 변신해 보고 싶을 때가 있지요. 그러나 조금 어렵게 느껴져서 가기가 망설여지시나요? 이제 망설이지 마세요. 주문할 때 필요한 경어만 알면 문제없답니다.

자신이 생각하는 이미지를 제대로 전달하기 위해서는 '조금 짧게'가 아니라 '2센티 정도 짧게'와 같이 구체적으로 말합시다.

주문은 구체적으로

「前髪は2センチぐらい、後ろはえりにかからないぐらいの長さにしてもらえますか?」 앞머리는 2센티 정도, 뒷머리는 옷깃에 닿지 않을 정도의 길이로 해 주시겠습니까?

머리를 감겨 줄 때

美容師:「洗い残しはございませんか?」 덜 씻긴 곳은 없으십니까?

「はい、大丈夫です」예, 괜찮습니다.

「首の後ろが少し残っているような気がするのですが」 목 뒷부분에 조금 남아 있는 것 같은데요.

「大丈夫です」라는 한마디를 덧붙여 주는 배려도 잊지 마세요. 또한 처리해 주었으면 하는 부분이 있다면, 망설이지 말고 이야기하도록 합시다.

잡지가 필요할 때는

「雑誌を見せてほしいのですが。できればファッション誌をお願いできますか?」 잡지를 보고 싶은데요. 가능하면 패션 잡지로 부탁해도 될까요?

상대가 몇 번씩 왔다갔다하는 수고를 덜어주기 위해 읽고 싶은 잡지를 정확히 말해 주는 센스도 필요하겠죠.

고민이 된다면

「すみません、少し考えたいので、ヘアスタイルのカタログをいくつか見せていただけますか?」 죄송합니다. 조금 더 생각하고 싶은데, 헤어스타일 카달로그를 몇 개 보여 주시겠습니까?

아무 말도 안 하고 생각에 빠져 있으면 서로 어색하기만 하겠죠. 후회하지 않기 위해서라도 샘플을 보여달라고 해 보세요.

파마하기

「かかりにくいほうなので、申しわけないのですが、少し強めにお願いします」
파마가 잘 안 먹는 머리라서요. 죄송합니다만, 조금 강하게 해 주세요.

「すみません、パーマ液が目に染みるのですが」
죄송한데요, 파마 약이 눈에 들어간 것 같은데요.

주문을 할 때는 쿠션 언어로 부드럽게 전합시다.

음료를 물어 보면

美容師:「飲み物は、コーヒーと紅茶、どちらがよろしいですか?」
음료는 커피와 홍차 중 어느 쪽이 좋으세요?

「コーヒーをいただけますか?」
커피로 받을 수 있을까요?

「コーヒーでいい(커피가 좋다)」가 아니라 「コーヒーを〜(커피를〜)」라고 말합시다.

염색하기

「少しグリーン系の色にしたいのですが、私の肌の色に合うでしょうか?」
약간 그린 계열의 색깔로 하고 싶은데요, 제 피부색과 잘 맞을까요?

머리카락색과 피부색의 밸런스는 스스로는 잘 알지 못하는 경우가 많죠. 이 부분은 프로의 객관적인 의견을 물어보도록 합시다.

세팅하기

「前髪は前におろしていただけますか?」
앞머리는 내려 주시겠어요?

「耳の下で少しはねる感じにしていただきたいのですが」
귀밑 부분을 약간 바깥쪽으로 뻗치는 느낌으로 하고 싶은데요.

「ワックスは使わないで仕上げていただけますでしょうか?」
마지막에 왁스는 사용하지 말아 주시겠어요?

어디를 어떻게 하고 싶은지, 구체적으로 전달합시다. 어미를 정중하게 말한다면 상대방에게 부드럽게 전달될 것입니다.

첫 데이트

두근두근 첫 데이트에서 성공하는 비결은 역시 정중한 말투겠죠. 그러나 너무 자신을 낮추거나 하면 상대가 오히려 반감을 갖게 될 수도 있으니, 주의하세요. 매력적으로 보이면서도 상대방과의 거리감을 확실히 좁힐 수 있는 캐쥬얼 경어를 익혀 봅시다!

약속

♥ 상대가 늦었을 때

「慌てなくても大丈夫ですよ。お仕事大丈夫でしたか？」
당황하지 않으셔도 돼요. 일은 별문제 없었나요?

급하게 뛰어 온 상대가 한숨 돌릴 수 있는 한마디가 필요하겠죠.

♥ 내가 늦었을 때

「ごめんなさい。5分ほど遅れてしまいます」
죄송합니다. 5분 정도 늦을 것 같아요.

「お待たせしてすみません。かなりお待ちになりましたよね？」
기다리게 해서 죄송합니다. 꽤 오래 기다리셨죠?

시간 엄수는 기본이지만, 어쩔 수 없는 경우에는 반드시 전화를 해서 몇 분 정도 늦을 것인지를 말하도록 합시다.

차 마시기

「このチーズケーキ、おいしそう。実は私、甘いもの大好きなんです」
이 치즈 케이크, 맛있겠네요. 사실 전 난 설무지 좋아해요.

「この店のアップルパイは有名らしいですよ。ひとつ頼んでみませんか？」
이 가게의 애플 파이가 유명하대요. 하나 주문해 볼까요?

단것이 먹고 싶을 때는 참지 말고 말합시다. 의외로 상대도 좋아해서 이야기가 통할지도 모르니까요.

식사하기

「近くの評判のイタリアンがあるんですけど、そこはどうですか？」
이 근처에 평판이 좋은 이탈리아 레스토랑이 있는데, 거긴 어떠세요?

「ごめんなさい、あぶらっこい料理が苦手なので、あっさりしたものがいいんですが。たとえば和食とか」
죄송합니다. 기름진 요리는 잘 못 먹거든요. 깔끔한 것이 좋은데, 예를 들어 일식 같은 거요.

「何でもいい(뭐든 좋아요)」는 NG. 먹고 싶은 것을 솔직하게 말해야 상대도 기뻐할 겁니다. 싫은 것이 있다면 주저 말고 이야기하는 것이 매너랍니다. 상대가 식사비를 냈다면 「ごちそうさまでした。とてもおいしかったです(잘 먹었습니다. 정말 맛있었어요)」라는 한마디도 잊지 말고 합시다.

대화를 재미있게 하려면

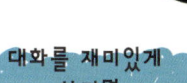

「先週、友達と熱海に旅行に行ったんですが、そこでこんな面白いことがあったんですよ」 지난 주에 친구랑 아타미로 여행 갔는데요, 거기서 재미있는 일이 있었어요.

「最近、犬を飼い始めたんです。名前はジョンといって……」 요즘 개를 키우기 시작했어요. 이름은 존이구요…….

「今日の映画、面白かったですね。今年見た中でベスト3に入るかも。ベスト1は……」 오늘 영화, 재밌었지요. 올해 본 것 중에서 3위안에 들지도 몰라요. 1위는요…….

대화는 즐겁고 재미있는 내용으로 하는 게 중요합니다. 「○○に行きました。そこでこんなことがあって(○○에 갔어요. 거기서 이런 일이 있었어요)」라는 식으로 재미있는 정보가 이어지는 화제를 선택합시다.

헤어질 때는

「今日はどうもありがとうございました。一緒に過ごせて嬉しかったです」
오늘 정말 고마웠습니다. 함께 해서 기뻤어요.

「楽しい(즐겁다)」보다 조금 더 발전된 표현이 「嬉しい(기쁘다)」입니다. 이 표현이 감정을 보다 직접적으로 상대에게 잘 전달된답니다.

● 남자친구의 집에 인사 가기

타인의 집을 방문한다는 것은 긴장되기 마련. 하물며 그것이 좋아하는 상대의 집이라면 더욱 그렇겠죠. 그러나 너무 긴장하면 모처럼의 방문이 괴롭고 재미없어질 것입니다. 그렇게 되지 않도록 방문할 때의 경어를 제대로 몸에 익혀서 좋은 인상을 주고 즐거운 시간을 갖도록 합시다.

처음 인사

「こんにちは、はじめまして。桃井(ももい)と申(もう)します。
長瀬(ながせ)さんにはいつもお世話(せわ)になっております」
안녕하세요, 처음 뵙겠습니다. 모모이라고 합니다. 나가세 씨한테 언제나 신세 많이 지고 있습니다.

「お招(まね)きいただいて、ありがとうございます」
초대해 주셔서 감사합니다.

「おじゃまいたします」 실례하겠습니다.

처음 하는 인사는 밝게 웃으면서 하는 것이 포인트. 침착한 인상을 주기 위해서는 말하는 속도를 조금 천천히 합시다. 가족 앞에서 그를 부를 때는 언제나 부르던 애칭이 아니라 「さん(~씨)」을 붙여서 부르는 것이 매너랍니다.

선물 건네기

「甘(あま)いものがお好(す)きだとうかがいましたので、持(も)ってまいりました。お口(くち)に合(あ)うといいのですが」
단것을 좋아하신다고 들어서 가지고 왔어요. 입에 맞으시면 좋을 텐데.

「私(わたし)の地元(じもと)の名産品(めいさんひん)で、私も両親(りょうしん)も大好(だいす)きなんです。ぜひ召(め)し上(あ)がっていただきたくて」
저희 고향의 특산물인데, 저도 그렇고 저희 부모님도 매우 좋아하세요. 꼭 드셔 보셨으면 해서요.

거실로 안내 받아 다시 한 번 정식으로 인사를 한 다음에, 가지고 간 선물을 건넵니다. 선물을 내밀 때는 쇼핑백(종이 봉투)이나 포장된 선물을 드리는 것이 매너입니다. 「つまらないものですが(별 것 아닙니다만)」라는 겸손한 말보다 「地元の名産」 등의 말을 하는 것이 대화거리도 생기고 좋을 것입니다. 그러나 이 때 금액 이야기는 금물입니다.

NG
「この味つけ、私にはちょっと濃いみたいです」
이 맛은 저한테는 너무 강한 것 같아요.

「あまりおなかがすいていないので、食事は結構です」
별로 배가 안 고프니, 식사는 됐어요.

식사하기

「ありがとうございます。いただきます」
감사합니다. 잘 먹겠습니다.

「ごちそうさまでした。とてもおいしくいただきました」
잘 먹었습니다. 너무 맛있었어요.

「何かお手伝いできることはありませんか？」
뭐 도와 드릴 일은 없을까요?

「いただきっぱなしで申しわけありません」
계속 받기만 해서 죄송합니다.

아무 말 없이 묵묵히 먹기만 하는 건 매너에 어긋납니다. 뒷정리는 「そのままで(그냥 놔둬요)」라고 하실 때는 무리해서 할 필요는 없습니다. 단, 「いただきっぱなしで申しわけありません」이라는 한마디를 잊지 않고 하도록 합시다.

돌아가기

「そろそろ失礼いたします。今日はありがとうございました」
이제 그만 실례하겠습니다. 오늘은 감사했습니다.

「そろそろおいとまさせていただきます」
이제 그만 돌아가겠습니다.

「おいしいお食事をごちそうになり、ありがとうございました」
맛있는 식사를 대접해 주셔서 감사했습니다.

NG
「どうもおじゃましました」
실례했습니다.

「じゃあ、失礼します」
그럼, 실례하겠습니다.

이야기가 거의 끝날 때쯤 내 쪽에서 먼저 얘기를 꺼냅니다. 처음 방문은 1시간 정도가 기준. 혹시 돌아가는 걸 만류하신다면 2시간 정도 지난 후에 일어나는 것이 매너입니다. 그때 「つい長居をしてしまい申しわけありません(저도 모르게 오래 있게 되어서 죄송합니다)」이라고 말한다면 보다 정중한 인상을 줄 수 있겠죠.

감사 엽서를 잊지 마세요!

감사 편지는 엽서에 간단한 감사의 글만 써도 OK입니다. 단, 방문한 뒤 3일 이내에 보내야 합니다. 얼마나 즐거웠는지를 구체적으로 쓰면 보다 마음을 잘 전달할 수 있을 것입니다.

아름답지 않은 일본어 ①
젊은이의 언어

아무리 경어를 배워도, 젊은 세대들이 쓰는 말을 쓴다면 아무 소용없습니다. 언어 본래의 올바른 사용법을 다시 한번 복습해 보도록 합시다.

ありえなくない？ 믿을 수 없다	➡	考えられない, 信じられない
いっぱいいっぱい 겨우	➡	余裕のない, ギリギリの
ウザイ 성가시다	➡	煩わしい
オール 밤새워 놀기	➡	徹夜の遊ぶこと
かぶる 겹치다	➡	重なる, 同じ, 同時に起きる
逆ギレ 적반하장	➡	非難されていた人が起こり出すこと
キャラ 성격	➡	性格
キレる 갑자기 화내다	➡	急に怒り出す, 逆上する
サクっと 후딱후딱	➡	さっさと, テンポよく
しょぼい 보잘 것 없다	➡	とえない, パッとしない
好きくない 좋아하지 않는다	➡	好きではない

そっこー 금방	➡	すぐに
～チック ～풍	➡	～風(ふう)
チョー 너무나	➡	非常(ひじょう)に, 大変(たいへん), とても
～って感(かん)じ ～라는 느낌	➡	という感じ
～ってゆーか ～라기 보다는	➡	というより
デブってる 뚱뚱하다	➡	太(ふと)っている
テンパってる 혼란스럽다	➡	慌(あわ)てている, 混乱(こんらん)している
なさげ 없는 것 같다	➡	～なさそうだ
ハジける 까불다	➡	思(おも)い切(き)り開放的(かいほうてき)になる
引(ひ)く 깬다	➡	しらける, 冷(さ)める
ビビる 놀라다	➡	ビックリする, 驚(おどろ)く
ビみょー 어중간하다	➡	中途半端(ちゅうとはんぱ)
ぶっちゃけ 사실은	➡	実(じつ)は, 正直(しょうじき)なところ
へこむ 우울해하다	➡	落(お)ち込(こ)む, がっかりする
マジ 진심	➡	本気(ほんき)
マジウザ 정말 싫다	➡	本当(ほんとう)にうっとうしい
ムリっぽい 무리라고 생각한다	➡	ムリだと思(おも)う
ヤバい (긍정일 때) 너무 좋다	➡	とてもいい
よくない？ 좋지 않아?	➡	いいと思わない？

아름답지 않은 일본어 ②
줄임말

> 격식을 차린 자리에서 당황하지 않기 위해서라도 친구들끼리 쓰는 줄임말을 바른 표현으로 익혀 둡시다.

キモい 징그럽다	➡	気持ちが悪い, 不気味
きょどる 수상한 행동	➡	挙動不振
きれいめ 예쁘다	➡	きれいなこと, かわいいこと
グロい 기분 나쁘다	➡	グロテスクだ, 気持ちが悪い
激ウマ 정말 맛있다	➡	ものすごくおいしい
コクル 고백하다	➡	告白する
ゴチになる 잘 먹겠다	➡	ごちそうになる
コピる 복사하다	➡	コピーする
さむい 썰렁하다	➡	しらける, まったくウケナイ

さりげに 아무렇지 않게	➡	さりげなく
自己チュー 이기주의	➡	自己中心的
しゃしゃる 드러나다	➡	しゃしゃり出る
スタンバる 대기하다	➡	スタンバイする, 待機する
だりぃ 기운 없다	➡	だるい
チラ見 슬쩍 보다	➡	ちらっと見る
何げに 아무렇지 않게	➡	何げなく
ばっくれる	➡	しらばくれる, 逃げ出す
パニくる 패닉 상태에 빠지다	➡	パニック状態になる
はやっ 빠르다	➡	早い
びくった 깜짝 놀라다	➡	びっくりした
めんどい 귀찮다	➡	面倒くさい
もっしー 여보세요	➡	もしもし
やっぱ 역시	➡	やはり
よさげ 좋아 보인다	➡	よさそう

정중한 말

보통 경어라고 생각해서 쓰고 있는 표현 중에서도 생각지도 못한 함정이 있기 마련입니다. 틀리기 쉬운 포인트를 여기서 복습하고, 올바른 표현으로 알아 둡시다.

NG 「ご都合はどうでしょうか？」
⬇
OK 「ご都合はいかがでしょうか？」 사정은 어떠세요?

NG 「コーヒーと紅茶、どちらにいたしますか？」
⬇
OK 「コーヒーと紅茶、どちらになさいますか？」 커피와 홍차, 어느 쪽으로 하시겠습니까?

NG 「病気はどうですか？」
⬇
OK 「具合はいかがですか？」 몸 상태는 어떠세요?

NG 「○○さまでございますね」
⬇
OK 「○○さまでいらっしゃいますね」 ○○님이시죠.

NG 「こちらをやっていただけますか？」
⬇
OK 「こちらをお願いできますか？」 이것 부탁드려도 될까요?

NG
「どうも申しわけございません」

⬇

OK「まことに申しわけございません」
정말 죄송합니다.

NG
「私は企画とか宣伝とかに
興味があります」

⬇

OK「私は企画や
宣伝などに
興味があります」
저는 기획이나 홍보 업무
등에 관심이 있습니다.

NG
「○○さんは、
字はお上手ですね」

⬇

OK「○○さんは、
字がお上手ですね」
○○ 씨는 글씨를 잘 쓰시네요.

NG
「お電話で確認なさってから、
来てもらえますか？」

⬇

OK「電話で確認してから、
おいでいただけますか？」
전화로 확인하고 나서 와 주시겠어요?

NG
「あちらの方とは、
会ったことがあります」

⬇

OK「あちらの方とは
面識があります」
저 분하고는 만난 적이 있
습니다.

테마별 색인

인사

기본 인사	12
직장에서의 인사	14
외부 사람에게 하는 인사	16
처음 하는 인사	18
명함 건네는 방법	20
명함 받는 방법	22
쿠션 언어	82
송별회에서의 인사	98
결혼식에서의 인사	102
장례식에서의 인사	104
남자친구의 집에 인사 가기	118
돌아갈 때의 인사	119

손님 접대 · 방문

다른 회사 방문하기	52
다른 회사 사람 맞이하기	53
회의하기	54
판매하기	64
접객하기	66
고급 레스토랑 가기	100
고급 여관에 묵기	108
선물 건네기	118
방문한 곳에서 식사하기	119

물어보기 · 의뢰하기

휴가 신청하기	36
길 묻기	52
재촉하기	56
부탁하기	68
고객에게 묻기	74
상담하기	78

사과하기 · 거절하기

사과하기	26
지각 전하기	32
결근 전하기	34
고객 불만 처리하기	70
거절하기	80
약속시간에 늦었을 때	116

감사하기 · 데이트 신청하기 · 칭찬하기

감사의 마음 전하기	24
웃분 접대하기	62
감사의 말을 들었을 때	84
미팅(편한 자리)	94
미팅(격식 있는 자리)	96
선배의 남자친구 소개 받기	106
첫 데이트	116

대답하기 · 보고하기

맞장구치기	28
'잘 알겠습니다' 표현하기	30
회의에서 발언하기	48
프레젠테이션에서 발표하기	50
무리한 요구에 대처하기	58
사내 회의	60
대화의 기술(직장 연회)	63
확인하기	76
대답하기	86

요리 배우기	110
남자 어른과 대화하기	112
고급 미용실 가기	114
대화의 기술(첫 데이트)	117

전화걸기

전화 기본 대화	38
전화 다시 걸기	39
전화 부탁하기	39
전할 말 부탁하기	39
처음 전화 걸 때	40
휴대전화에 걸기	40
가족의 회사에 걸기	41
부재중 전화에 메시지 남기기	41

전화받기

전화 기본 대화	42
전화 바꿔 주기	42
부재중 알리기	43

감수	唐沢 明（からさわ あきら）

경어 컨설턴트이자 대학 강사 겸 작가

1968년 생으로, 출판사에서 영업과 편집에 종사하다가 현재는 大妻女子大学・白百合女子大学・日本大学・神奈川大学・大東文化大学 등 일본 전국 25개 대학을 비롯하여, 많은 회사의 신입사원 연수 세미나 등에서 경어・면접・취업 어드바이저로서 활동 중이다.
그 외 「CLICK!」(日本テレビ), 「YA-YA-YAH!」(テレビ東京), 「クイズ! 日本語」(TBS) 등의 방송 프로그램에 경어 강사로서 출연하기도 했다.
저서로는 「敬語すらすらBOOK」, 「敬語これだけBOOK」(成甲書房), 「ヤバイ敬語」(竹書房), 「仕事ができる人は話し方が9割」(廣済堂出版), 「新・ビジネスマンの基本ブック」(ブッキング) 외에 40여 권이 있다.

바로 꺼내 쓰는 일본어 경어

초판발행	2008년 9월 20일
1판 14쇄	2025년 5월 15일
저자	主婦の友社 (슈후노 토모샤)
감수	唐沢 明 (가라사와 아키라)
책임편집	조은형, 김성은, 오은정, 무라야마토시오
펴낸이	엄태상
콘텐츠 제작	김선웅, 장형진
마케팅	이승욱, 누월준, 조선민, 이선민
경영기획	조성근, 최성훈, 김로은, 최수진, 오희연
물류	정종진, 윤덕현, 신승진, 구윤주
펴낸곳	시사일본어사(시사북스)
주소	서울시 종로구 자하문로 300 시사빌딩
주문 및 교재 문의	1588-1582
팩스	0502-989-9592
홈페이지	www.sisabooks.com
이메일	book_japanese@sisadream.com
등록일자	1977년 12월 24일
등록번호	제 300-2014-92호

KOREDE KAIKETSU! OTONANO KEIGO
Copyright © 2007 by Shufunotomo
All rights reserved.
First published in Japan in 2007 by SHUFUNOTOMO CO.,LTD
through Shinwon Agency CO.
Korean translation edition copyright © 2008 by SISA Japanese Publisher CO.,LTD

ISBN 978-89-402-0798-7 13730

* 이 책의 내용을 사전 허가 없이 전재하거나 복제할 경우 법적인 제재를 받게 됨을 알려 드립니다.
* 잘못된 책은 구입하신 서점에서 교환해 드립니다.
* 정가는 표지에 표시되어 있습니다.